Alberto Fiorin

ciclovia del Danubio

da Passau a Vienna

ediciclo editore

Alberto Fiorin è nato a Venezia nel 1960. Gli piace conoscere nazioni e popoli con un ritmo lento, rilassato, che consente un contatto più intenso con le singole realtà. Per questo ama intraprendere viaggi con amici o con la famiglia – Tiziana e il figlio Fausto – in bicicletta o a piedi, alla ricerca di itinerari con suggestioni storiche, letterarie, sportive o spirituali. E gli piace raccontarli.

EDITING
esagramma

CARTOGRAFIA
carla zucchi
stefano di santo

FOTO
mauro re - marisa verardo - alberto fiorin
(se non diversamente indicato)

GRAFICA E IMPAGINAZIONE
stefano moro - monica gonzati

COPERTINA
vanessa collavino

IN QUARTA DI COPERTINA
il castello di Schönbühel © NÖW/Lois Lammerhuber
sulle sponde del fiume © Storto

via cesare beccaria, 13/15
30026 portogruaro (ve)
tel. 0421.74475
fax 0421.282070
internet: *www.ediciclo.it*
e-mail: *posta@ediciclo.it*

ISBN 13: 978-88-88829-06-7
ISBN 10: 88-88829-06-7

Indice

Austria felix

Questa fortunata locuzione rimanda immediatamente al passato rievocando il mito dell'Impero asburgico nel periodo di maggior sfarzo e influenza economica, politica e culturale sull'Europa del diciottesimo e diciannovesimo secolo. Ci spinge dolcemente a socchiudere gli occhi e a immaginare, al cadenzato suono dei valzer della famiglia Strauss, i sontuosi saloni da ballo, il tintinnio degli sfavillanti cristalli di Boemia, le solenni ambascerie, i caratteristici tetti "a cipolla" dei campanili, i sovrani assoluti ma "illuminati".
Ma per noi ciclisti Austria felix è soprattutto il presente, una realtà invidiabile ai giorni nostri, il paradiso delle piste ciclabili; è il frutto di un'accurata politica che ha saputo trasformare in una risorsa, financo economica, quelle valli e quei fiumi che solcano la nazione montuosa per eccellenza della Mitteleuropa. Paradossalmente l'Austria, il cui territorio è prevalentemente occupato da catene montuose come le Alpi e i Tauri, imponenti massicci, ghiacciai perenni e vette elevate, è diventata l'Eden dei ciclisti. Ha infatti saputo allestire, seguendo i suoi fiumi più importanti (il Danubio, il Salzach, l'Inn, il Mur, l'Enns, la Drava) o gli incantevoli laghi di quel piccolo paradiso terrestre

Panoramica di Passau.

Pedalando nel verde.

che è il distretto del Salzkammergut, delle piste ciclabili da sogno che si sviluppano lungo affascinanti percorsi di alcune centinaia di chilometri che permettono di viaggiare e di conoscere il Paese e i suoi nove *länder* in maniera più ecologica e naturale.

In questi ultimi anni si è sviluppata sempre più la volontà di creare delle ciclovie che uniscano città, paesi, province diversi, e così una nazione estesa quasi un quarto dell'Italia ha uno sviluppo di piste ciclabili in chilometri decine

e decine di volte maggiore, piste austriache che costituiscono un'articolata e compiuta Rete Ciclabile Nazionale. Che invidia! Senza contare che anche tutte le principali città, a partire dalla capitale, e una gran parte di cittadine e villaggi hanno un proprio percorso cittadino riservato alle biciclette, e alternativo agli automezzi, con tanto di segnaletica stradale dedicata.

Tra le molteplici possibilità e i molti percorsi da affrontare in bicicletta, quello sicuramente più affascinante e maggiormente conosciuto è la Donauradweg, ormai leggendario itinerario ciclistico, potremmo definirlo la madre di tutte le piste ciclabili, praticato da quasi due decenni da migliaia e migliaia di turisti sulle due ruote.

Esso concentra in sé, nei circa trecentotrenta chilometri di questa guida che collegano Passau alla capitale Vienna, tutti i più caratteristici e affascinanti aspetti: quello naturalistico con le oasi fluviali e le specie protette, quello archeologico con i resti romani e i reperti preistorici come la Venere di Willendorf, quello culturale con i musei viennesi e le abbazie di Melk e Krems, quello eno-gastronomico con le cantine della Wachau e i dolci delle pasticcerie della capitale, quello architettonico e storico con i mille castelli (*schloss*) che torreggiano dall'alto di colline sorvegliando il placido fluire del Danubio.

St. Michael, in piena Wachau.

Nel caso poi si tratti della prima vacanza in bicicletta, del primo viaggio su due ruote, è ancora più opportuno cominciare dal Danubio, poiché offre un approccio ottimale alla bicicletta: panorami mozzafiato, cittadine piacevoli, percorso semplicissimo senza particolari salite su strade ormai quasi ovunque asfaltate e riservate esclusivamente ai ciclisti, ospitalità specifica per i viaggiatori in bicicletta. Il piacere insomma di pedalare senza fatica in pianura ma senza la monotonia che caratterizza la pianura stessa: i castelli, i paesini, le anse del fiume costituiscono uno splendido scenario che muta di chilometro in chilometro. Cosa notevole da sottolineare è che il tratto di Donauradweg che qui si propone, Passau-Vienna, è una *tranche* della ben più lunga e articolata pista ciclabile del Danubio che si sviluppa dalle sorgenti del fiume, a Donaueschingen in Germania, e che lo segue pedissequa-

Il Danubio nei pressi di Wesenufer.

In traghetto nei pressi dell'ansa del Danubio a Schlögen.

mente fino a un'altra capitale importante della Mitteleuropa, Budapest, in Ungheria.
Per convenzione si suddivide la lunghissima pista ciclabile da Donaueschingen a Budapest in tre sezioni, il tratto tedesco Donaueschingen-Passau di circa 600 km, il tratto austriaco Passau-Vienna di circa 330 km, il tratto ungherese Vienna-Budapest, di circa 325 km. Un itinerario quindi di oltre milleduecento chilometri che ha come protagonista assoluto il Danubio, corso d'acqua che ha cullato sui suoi flutti vita, traffici e cultura per secoli e secoli nell'Europa centrale. Seguirlo seduti sul sellino della propria bicicletta è un modo per entrare in contatto diretto con questo protagonista della vita europea, per imparare a conoscerlo, rispettarlo e amarlo.
Buon viaggio!

La zona del territorio austriaco interessata dall'itinerario di questa guida.

Il mezzo

Ciò che rende unica e indimenticabile la pista ciclabile del Danubio, in questo caso il tratto da Passau a Vienna, è la bellezza e la facilità del percorso. Per circa il 95% si svolge su strade asfaltate e quasi esclusivamente riservate a ciclisti e pedoni. Solo all'uscita della città di Passau e in occasione dell'attraversamento delle città più grandi come Linz può accadere di dover pedalare a fianco di automezzi, ma anche in queste rare occasioni le strade sono poco trafficate. Per il resto si è soli… in compagnia di altre decine e decine di ciclisti, soprattutto nei mesi estivi, poiché la pista ciclabile del Danubio è diventata una meta turistica per migliaia di appassionati cicloturisti europei. Del resto la fama è ben meritata. Il percorso si snoda quasi interamente sulle vecchie alzaie, utilizzate anticamente per trainare da terra le pesanti chiatte, e quindi con il Danubio sempre a portata di mano.

È nel complesso prevalentemente piatto, anche se in leggera ma impercettibile discesa (si parte dai 295 m di Passau e si arriva ai 151 di Vienna); solo in corrispondenza dei ponti bisogna affrontare qualche brevissima rampa in salita. Date le caratteristiche del percorso si può quindi utilizzare una **qualsiasi bici-**

Il Kunsthistorisches Museum di Vienna.

Il centro della città di Vienna.

cletta: va bene sia la specialissima da corsa che una più pesante e addirittura priva di cambi. Fate fare a un meccanico una verifica del mezzo prima della partenza.

La cosa in assoluto più importante, sia che si tratti di una bicicletta da corsa, di una mountain-bike, di una city-bike o di una normale bici da passeggio, è la verifica del **sellino**. Per un viaggio come questo, di oltre trecento chilometri, ma anche se si decide di effettuarne solo una parte, è assolutamente necessario avere un minimo di confidenza con quell'aggeggio infernale sopra il quale poggerà per qualche giorno il vostro corpo. Deve essere sufficientemente rigido, poco cedevole e non deve fare attrito sulle cosce. Vanno bene i sellini imbottiti di gel, da evitare quelli con le molle, ma comunque, in qualsiasi caso, dato che ogni sedere vuole la sua sella, è buona regola partire avendo una certa dimestichezza con quella prescelta. Comunque, in ogni caso è assolutamente consigliabile l'utilizzo di pantaloncini sportivi imbottiti (v. **abbigliamento**).

■ Attrezzatura

Importante che la bicicletta sia dotata di **fanale** anteriore, **catarifrangente** posteriore e sui pedali, per potersi muovere, occasionalmente, anche di sera. Questo nel caso, tutt'altro che infrequente, si alloggi in paesi o villaggi sprovvisti di ristoranti: per il necessario sostentamento serale bisognerà spostarsi e farlo senza l'adeguata illuminazione può essere estremamente pericoloso, oltre che vietato dal Codice della Strada. È

obbligatorio per legge un segnalatore acustico (**campa-nello**).
Indispensabili anche il **portapacchi** e le **borse posteriori** in cui distribuire il proprio bagaglio. Per un viaggio di questa lunghezza non saranno necessarie le sacche anteriori: è meglio imparare a ridurre le proprie esigenze e viaggiare più leggeri.
Molto utile invece è la **borsa da manubrio**, che conterrà le carte stradali, la guida, la macchina fotografica, un po' di cibo e quant'altro sia necessario avere rapidamente a disposizione.
Il percorso è semplice, le strade prevalentemente asfaltate ma... mai dimenticare il **kit di attrezzi** in caso di foratura: la pompa, due camere d'aria, qualche chiave, una catena con lucchetto antifurto, una pila, un coltellino multiuso. È vero che in quasi ogni centro abitato ci sono meccanici di biciclette e che i ciclisti sono sempre propensi ad aiutare un collega in difficoltà, ma è buona norma essere autosufficienti e avere il necessario per le riparazioni. Se poi si hanno delle difficoltà... vedrete che qualcuno più esperto di voi si fermerà e vi darà una mano.

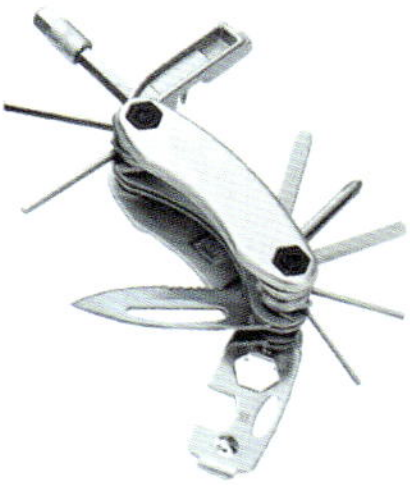
Un'officina in tasca...

È molto utilizzato il **contachilometri**, che consente una verifica costante del

Dotazione ideale della bicicletta

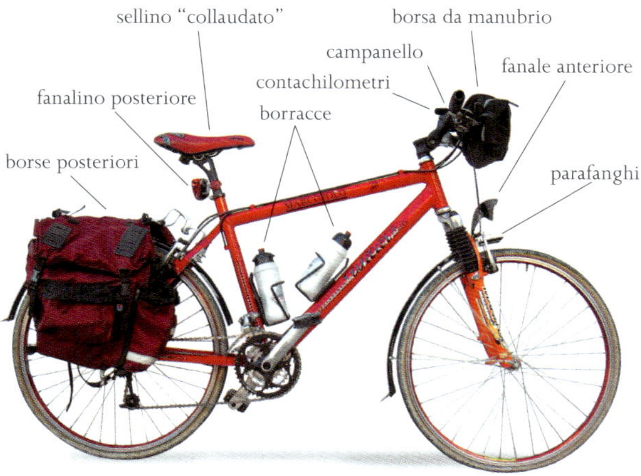

percorso e di quanto manchi alla fine della giornata. Vivamente consigliato.
Assolutamente indispensabile la **borraccia** con cui provvedere, in corsa, al necessario ricambio di liquidi.

■ Abbigliamento

L'abbigliamento sportivo ultimamente ha fatto dei passi da gigante e offre materiale sempre più leggero e funzionale. Per un viaggio di questo tipo, che non presenta particolari difficoltà, sono veramente indispensabili solo due capi tecnici: i **pantaloncini imbottiti**, che aiutano a contrastare i fastidi del soprassella, e il **casco**, che a un primo momento può sembrare ingombrante e fastidioso ma si rivela indispensabile in caso di cadute.
Non indispensabili ma vivamente raccomandati sono i **guanti imbottiti**, che evitano dolori alle mani al contatto prolungato col manubrio, la **maglia da ciclista** in tessuto traspirante e con capienti tasconi sul dorso, gli

occhiali aderenti, che evitano l'ingresso di insetti o di pulviscolo.

È necessaria una **giacca a vento** in caso di pioggia, possibilmente leggera ma traspirante: pedalando sotto l'acqua dentro una calotta di plastica può succedere di trovarsi più bagnati dentro che fuori! Come materiale è consigliato il goretex.
L'abbigliamento è ovviamente legato alla stagione in cui si affronta il viaggio: nelle stagioni più fredde sarà di conseguenza più ingombrante che in estate, ma in genere si consiglia di non eccedere. In caso di necessità si può fare bucato all'arrivo di tappa e comunque, alla peggio, si fa sempre in tempo a comprare una maglia o un maglione: siamo pur sempre nel cuore dell'Europa civilizzata. Meglio viaggiare leggeri.
Essendo il clima sostanzialmente continentale, in luglio e agosto (mesi tradizionalmente consacrati da noi italiani alle vacanze) si troveranno temperature tendenzialmente elevate, tali da consigliare l'uso di canottiere, magliette a maniche corte e una "felpa" solo

per la sera o in caso di brutto tempo. Portate sempre con voi un costume da bagno: le acque del fiume o quelle degli innumerevoli laghi o anche delle molte piscine all'aperto sono un'ottima medicina per i muscoli del corpo, inevitabilmente sotto sforzo tutto il giorno, per quanto limitato. Approfittatene!

Il duomo neogotico di Linz.

Allenamento

Il percorso in sé è poco impegnativo, senza salite e su ottimo fondo stradale. In più la presenza di numerosi paesi, villaggi e città lungo la pista ciclabile consente al cicloturista di personalizzare il proprio tragitto e di adeguare le singole tappe alle proprie capacità fisiche e alle personali esigenze. Mediamente tappe di 40-50 km al giorno sono alla portata di tutti, bambini compresi.

È buona norma comunque avvicinarsi sempre al viaggio con un minimo di allenamento, con qualche escursione ed esercizio di preparazione, soprattutto per evitare i disagi dovuti alla lunga permanenza sul sellino. Niente di meglio, quindi, che fare un po' di pratica sulle strade di casa, scegliendo percorsi poco trafficati e sicuri, cominciando almeno un mese prima della partenza. Chissà che non si scopra qualche bel panorama, un angolo di paradiso vicino a casa, uno scorcio mai goduto prima a causa del frettoloso spostarsi all'interno di un automezzo.

Mauthausen, il campo di concentramento.

Cortile interno dell'abbazia di Melk.

Sistemazione alberghiera

La capacità ricettiva lungo la pista ciclabile del Danubio sembra essere illimitata, per tutti i gusti e tutte le tasche: anche nei mesi di maggior afflusso, cioè luglio e agosto, non ci sono quasi mai problemi a trovare una sistemazione. Questo è di sollievo a chi non gradisce effettuare prenotazioni e preferisce affidarsi al caso e all'estro della giornata. Qui si può fare con tranquillità. In più il ciclista non solo è ben accetto ma spesso anche oggetto di sconti e trattamenti di favore: vedere gli adesivi o le bandierine «Fahrrader Wilkommen» (i ciclisti sono benvenuti) esposti nei vari esercizi commerciali.

C'è poi il consorzio di alberghi «Top Rad Stop» che offre ai ciclisti un trattamento di qualità medio-alta con servizi particolari, prenotazione della camera per le notti successive in alberghi della stessa catena, sconti per bambini, ricoveri per le biciclette, un minimo di attrezzatura per la riparazione, addirittura la possibilità di noleggiare le borse da bici. Per informazioni www.tiscover.com/top-rad-stop.

Ce n'è per tutti i gusti e tutte le tasche, si è detto: dall'albergo a quattro stelle con piscina, a pensioni confortevoli e più abbordabili, agli alloggi in famiglia tipo bed & breakfast (in Austria le stanze si chiamano *zimmer* e questo cartello spesso è esposto nelle abitazioni che affittano stanze), agli ostelli e agli ancor più economici campeggi per chi ama viaggiare con tenda e sacco a pelo.

Il tradizionale lindore delle stanze è una garanzia e consente un meritato riposo al ciclista affaticato da un giorno di pedalate.

Lungo la pista ciclabile s'incontrano spesso locali – ristoranti o pensioni – sorti esclusivamente a beneficio dei viaggiatori in bicicletta: sono da tenere in considerazione! Altrettanto utili risultano le pubblicità di alberghi, pensioni o bed & breakfast che si trovano lungo il percorso: possono essere d'aiuto e suggerire l'alloggiamento per la notte, soprattutto se si è fatto tardi e non si ha a disposizione molto tempo per cercare la soluzione migliore. In questa guida troverete, con valore del tutto indicativo, alcuni indirizzi e numeri telefonici di sistemazioni alberghiere o presso camere private per ogni località attraversata. Chi desidera maggior completezza può consultare l'ufficio informazioni cittadino, di cui si forniscono tutti i riferimenti (telefonici e web).

Turisti in campeggio a Schlögen.

Come arrivare

Ci sono varie maniere per affrontare un viaggio come questo.

1) Utilizzare la propria bicicletta

Questa soluzione è in teoria l'ottimale, poiché presuppone una buona confidenza col sellino, che potrebbe altrimenti essere la principale fonte di disagi e di dolori. Per poter viaggiare con la propria bicicletta bisogna però arrivare al punto di partenza dell'itinerario programmato e questo si può fare in tre modi: con l'automobile, il treno o l'aereo.

a) Automobile: se decidete di portarvi la bici in auto, lascerete l'automezzo in un parcheggio della città prescelta per cominciare il viaggio (supponiamo Passau) e poi vi inoltrerete lungo il percorso. Una volta giunti a destinazione (supponiamo Vienna), per ritornare alla città di partenza e recuperare il mezzo potrete salire in treno con la bicicletta appresso. In Austria infatti tutti i treni regionali e anche alcuni dei più veloci (IC ed EC) hanno nella loro composizione un

Insegna a Melk.

Traghetto nei pressi di Dürnstein.

vagone riservato al trasporto di biciclette: in questo modo il cicloturista si sposta rapidamente assieme al proprio fido cavallo di acciaio. È una combinazione molto utilizzata, pratica e abbastanza economica, dato che le tariffe sono, allo stato attuale, 2,90 euro per il biglietto giornaliero, 6,50 per il biglietto settimanale e 19,60 per quello mensile. In tutte le stazioni c'è una segnaletica che facilita le operazioni d'imbarco e di sbarco delle bici; una volta giunti a destinazione non resta altro che inforcare la propria bici e... pedalare.
Da maggio a fine settembre viene istituito un treno speciale per ciclisti «Rad-Tramper» che segue pedissequamente il corso del Danubio e che in meno di sei ore collega, senza cambi, Vienna a Passau. Panoramico e, per chi non ha fretta, comodissimo (per informazioni vedere il sito delle ferrovie austriache www.oebb.it).

b) Treno: se decidete invece di raggiungere la località di partenza in treno, potrete viaggiare su un treno internazionale che ospita anche la bici come bagaglio appresso (verificare presso Trenitalia, tel. 89.20.21 o www.trenitalia.com) oppure spedire la bicicletta come bagaglio internazionale (con qualche giorno di anticipo sulla data prevista della vostra partenza).

c) Aereo: normalmente si può spedire la bicicletta come bagaglio normale, anche se è buona norma consultare preventivamente la compagnia aerea prescelta per non trovare la sorpresa di costi aggiuntivi. L'ideale è spedirla (smontata di ruote e pedali e con il manubrio girato lateralmente)

Tram viennese.

Via centrale di Melk: sullo sfondo l'abbazia.

all'interno di un'apposita sacca da viaggio, in vendita presso tutti i negozi di attrezzatura ciclistica. È consigliabile proteggere comunque il telaio con cartone e/o materiale plastico speciale (air-ball).

2) Noleggiare la bicicletta in loco

Questa soluzione ha il grande vantaggio che si è più agili nei viaggi di trasferimento, non dovendo trasportare il proprio mezzo meccanico, ma come controindicazione c'è sempre il solito problema del sellino. Può effettivamente essere un'incognita e un grosso rischio sedersi su una sella sconosciuta e mai testata prima! Almeno sceglietela accuratamente, facendovi consigliare dal noleggiatore, e non rinunciate neppure per sogno all'uso del pantaloncino imbottito, ancor più indispensabile in questo caso. Inoltre sappiamo bene che in moltissimi casi l'appassionato di bicicletta non abbandona mai il proprio cavallo d'acciaio, ma queste nostre considerazioni vogliono essere rivolte a tutti, anche ai principianti e alle persone che vogliono affrontare una vacanza diversa dal solito pur senza avere il pallino delle due ruote.

In Austria le biciclette si possono noleggiare anche presso le stazioni ferroviarie (servizio valido nei mesi primaverili ed estivi). La tariffa attuale è di 13,10 euro al giorno (8,75 se si è in possesso di un biglietto ferroviario per quella stessa giornata), oppure di 65,45 euro alla settimana (43,60 con un biglietto ferroviario). È sufficiente esibire un documento d'identità provvisto di fototessera. Alla fine del periodo di nolo si può anche lasciare la bicicletta in una stazione diversa da quella di partenza, pagando però una soprattassa (è consigliabile informarsi

Un sovrappasso della ciclovia.

al momento del noleggio). Questa possibilità rende tutto più semplice e comodo.

3) Bici + battello

Lungo il corso del Danubio ci sono molti servizi di navigazione, essenzialmente turistici e quindi attivi soprattutto da aprile a ottobre. Una piccola crociera sul Fiume Blu è affascinante perché consente di godere anche del punto di vista "interno" e può costituire un ottimo intermezzo alla vostra pedalata (nonché un momento di riposo per i più affaticati). Si può studiare quindi un percorso che utilizzi un paio di passaggi fluviali tra una biciclettata e l'altra. Il tratto più pittoresco del fiume è senza dubbio la Wachau (ma lo è senza dubbio, e forse anche di più, per la bicicletta - v. pag. 110 e segg.), dove ogni ansa, ogni scorcio offrono panorami mozzafiato. C'è comunque la possibilità di affrontare in nave anche tutto il percorso Passau-Vienna (bisogna tener presente che da Vienna a Passau, cioè procedendo verso ovest, la navigazione è molto più lenta essendo controcorrente). Ci sono sia servizi di linea sia vere e proprie crociere turistiche di due giorni: informarsi in loco. Per la bicicletta si paga generalmente un supplemento abbastanza contenuto; su alcune linee di navigazione il trasporto è addirittura gratuito.

Agenzia DDSG Blue Danube, Vienna: www.ddsg-blue-danube.at

Agenzia Wurm+Köck, Passau: www.donauschiffahrt.com

Aschach.

4) Bici + treno

Come si è visto le ferrovie austriache (ÖBB) offrono al cicloturista soluzioni comode, abbastanza veloci e sufficientemente economiche. È quindi possibile organizzare il proprio viaggio prevedendo alcuni spostamenti in treno per evitare di percorrere distanze eccessive, oppure per abbreviare il viaggio o anche per qualsiasi altra esigenza o necessità. Per tutte le informazioni rimandiamo a questo stesso capitolo, paragrafo **1) Utilizzare la propria bicicletta**.

5) Viaggi organizzati

Esistono parecchi tour-operator specializzati nell'organizzazione di viaggi in bicicletta che da anni hanno nel loro catalogo la pista ciclabile del Danubio. Vengono offerti assistenza, biciclette, guida esperta, prenotazione degli alberghi per le singole tappe, trasporto dei bagagli con pulmino durante le tappe e tanti altri servizi. Può essere una soluzione per chi ama viaggiare in gruppo e conoscere nuove persone e per chi ama trovare tutto organizzato. Inoltre alcuni operatori organizzano non solo tour guidati ma anche tour individuali, dove vengono garantiti i pernottamenti con prima colazione, il quotidiano trasporto dei bagagli da un hotel all'altro, il rientro alla località di partenza del tour, la bicicletta a noleggio.

Bici in treno.

Tour operator italiani:

Alice nel paese delle meraviglie, via della Resistenza, 34/b, 31038 Paese (Tv), tel. 0422.450222, www.alicenelpaesedellemeraviglie.it (in costruzione).

Associazione JONAS, corso Padova 145, 36100 Vicenza, tel. 0444.303001, fax 0444.304843, info@jonas.it; www.jonas.it

Associazione Zeppelin, Contrà Manin 14, 36100 Vicenza, tel. 0444.526021, fax 0444.542050, info@zeppelin.it; www.zeppelin.it

Compagnia della Natura, viale Quattro Novembre 10, 41100 Modena, tel. 059.218776, fax 059.239250, info@ compagniadellanatura.it; www.compagniadellanatura.it

Due ruote nel vento, corso Tassoni 50, 10144 Torino, tel. 011.4372057, fax 011.4304621, info@dueruotenelvento.com; www.dueruotenelvento.com

Hik Bik, via Bolzano 78/2, 39011 Lana (Bz), tel. 0473.550355, fax 0473.554577, info@hikbik.com, www.hikbik.com

Italiainbici - via Fiobbio 26, 24020 Scanzorosciate (Bg), tel. 035.664460, fax 02.70033150, italianinbici@italianinbici.it; www.italianinbici.it

Italybike by FunActive, via Frau Emma 2, 39039 Villabassa (Bz), tel. 0474.740105, fax 0474.740858, info@italybike.info; www.italybike.info

Mondobici Adventures, via Tullo 4/2, 16010 S. Olcese (Ge), tel./fax 010.709482, info@mondobici.it; www.mondobici.it

Pedalare con i bambini

Questo itinerario è un vero e proprio paradiso del ciclista ed è assolutamente consigliato anche ai bambini, che potranno quindi prendere coscienza della possibilità di viaggiare su strade senza traffico e automobili, cosa raramente possibile in Italia. Non fatevi prendere dalla sindrome protettiva tutta italiana per cui i bambini non devono fare troppa fatica, esporsi alle intemperie, essere troppo accaldati o poco vestiti: i bambini hanno delle risorse fisiche e mentali inaspettate, molto spesso superiori alle nostre. Basta la normale prudenza, una giusta dose di buon senso e la vacanza sarà indimenticabile per voi ma soprattutto per loro, che si sentiranno motivati e giustamente orgogliosi per aver percorso una quantità di chilometri che normalmente si copre solo in automobile. Procurate loro un mezzo meccanico sufficientemente buono (ricordando che più le ruote sono piccole meno metri sviluppano e più fatica faranno

Passau.

Bimbi al seguito.

i piccoli ciclisti a starvi dietro), e un abbigliamento tecnico adeguato: non si può prescindere dal casco e dai pantaloncini imbottiti, che troverete nei negozi sportivi più forniti anche nelle taglie per bambino.
Un bambino dai 7 anni in su può tranquillamente percorrere 50-60 km al giorno: l'avvertenza è quella di seguire i suoi ritmi, adeguare la vostra andatura a quella che naturalmente esprime lui (anche se può essere utile qualche sana sollecitazione in caso di eccessivo rilassamento) e soprattutto effettuare qualche sosta in prossimità di giardini o parco-giochi. L'esigenza di rilassarsi e divertirsi con altri attrezzi (scivoli, altalene e altro) è sacrosanta e va rispettata; c'è da sottolineare che in Austria si trovano spesso queste aree attrezzate e ciò fa parte della naturale attenzione rivolta in questo Paese al mondo dell'infanzia. Ad esempio nei ristoranti vengono proposti sempre dei kindermenu e per i più piccolini quasi ovunque è a disposizione un seggiolone: sono piccole cose che però ci fanno star meglio.
Se volete fare felici i vostri piccoli, potete effettuare un paio di soste in alberghi con piscina: ce ne sono anche a prezzi più che accessibili e lo sforzo economico è comunque compensato di gran lunga dal rilassamento offerto dall'acqua e dai sorrisi dei vostri figli.
L'ideale è programmare il viaggio con più bambini: capiterà facilmente che chiacchierando e giocando tra di loro, con un pizzico di sana emulazione, non si accorgano neppure di essere giunti alla fine della tappa. «Già arrivati!?» esclameranno.

È altrettanto facile viaggiare anche con bambini molto piccoli, da sistemare sulla propria bicicletta su appositi seggiolini (è vivamente consigliato quello posteriore, molto più sicuro rispetto a quello anteriore che, essendo posizionato sul manubrio, può essere fonte di pericolose cadute). L'unico inconveniente, ma non per chi porta il bambino, è che i propri bagagli e quelli del figlio devono essere trasportati da qualcun altro, per evitare di essere troppo carichi e instabili. Ma il problema diventa, a questo punto, degli altri compagni di viaggio!

Lungo la ciclabile a Melk.

Il libro nella sacca

Quando si viaggia, anche in bicicletta, non dovrebbe mai mancare qualche buona lettura per i momenti di relax. Se si è in bici, la scelta deve essere molto oculata per evitare che il peso della cultura diventi eccessivo.

A mio avviso, intraprendendo un simile viaggio, non potete esimervi dal portare con voi i 425 grammi che corrispondono a *Danubio* di Claudio Magris, Garzanti Editore: è una guida spirituale e filosofica a metà tra il romanzo e il saggio, che conduce il lettore dalle sorgenti tedesche alla foce sul Mar Nero attraverso gli aneddoti, la storia, i destini, gli avvenimenti che si sono succeduti nei secoli lungo le rive di questo vecchio grande fiume. Questo viaggio letterario è infatti ancora più avvincente e completo se abbinato al viaggio vero e proprio, ed è quindi da gustare, seduti al tavolino di un bar o in un prato nei pressi del Danubio, leggendo le pagine dedicate alla cittadina che si sta visitando. Il tratto da Passau a Vienna è descritto alle pagine 142-252 (di queste, le ultime 57 sono dedicate a Vienna e dintorni). Credetemi: il gioco (in questo caso il peso) vale la candela.

Turismo reponsabile

La scelta della lentezza e di un mezzo assolutamente non inquinante è già di per sé indice di responsabilità e attenzione. Non vogliamo farvi pistolotti sul comportamento da tenere, il rispetto delle persone e dell'ambiente deve essere un qualcosa di connaturato e insito nell'educazione della persona, non solo del turista o del viaggiatore, ma del cittadino. Ci permettiamo comunque di raccomandare una particolare sensibilità nei confronti dei rifiuti: in Austria si è da anni consolidata l'ottima abitudine di

riciclare i diversi tipi di rifiuti separandoli attentamente tra loro, con una cura e una meticolosità sconosciute in Italia. Di conseguenza, nei paesi, nelle grandi città ma anche nei villaggi e lungo la ciclabile, troverete delle vere e proprie isole ecologiche dotate di numerosi cassonetti diversificati (carta, cartone, plastica, vetro chiaro, vetro scuro, pile, oli combusti, ecc.), spesso addirittura protetti da una staccionata di legno, per inserire maggiormente nell'ambiente gli stessi cassonetti. Fate uno sforzo, rispettate le loro abitudini, siate meticolosi nel dividere i rifiuti che produrrete durante il viaggio: chissà che questo *training* non sia di buon auspicio per riportare, una volta tornati a casa, questa sana abitudine.
Chi vuole saperne qualcosa di più sul turismo responsabile può rivolgersi all'ICEI, Istituto per la Cooperazione Economica Internazionale (viale Monza 40, 20127 Milano, tel. 02.26825516, fax 02.2822853, icei@enter.it; www.solidea.org)

Sulla diga di Wesenufer.

oppure all'AITR, Associazione Italiana Turismo Responsabile (via Mortola 15, 16030 San Rocco di Camogli (Ge), tel. 0185.773061, aitr@hotmail.com; www.solidea.org/ospiti/aitr_index.htm).
Qualcosa da leggere al riguardo? La bibbia del turista responsabile, vale a dire il bel volume di Duccio Canestrini, *Andare a quel paese. Vademecum del turista responsabile*, Feltrinelli 2001.

Segnaletica

La pista ciclabile del Danubio è attrezzata perfettamente: è praticamente impossibile sbagliare il percorso. Sono presenti molti cartelli stradali che riportano il simbolo della bicicletta e la distanza dalla succes-

Separare è d'obbligo!

siva cittadina. Nell'attraversamento di villaggi e città sono presenti semafori appositi per le piste ciclabili, a garanzia dell'incolumità dei ciclisti.
Alla scarsa presenza di ponti lungo il grande fiume si sopperisce con un notevole numero di traghetti che effettuano il servizio da una riva all'altra, per consentire il passaggio dei ciclisti. Sono molto caratteristici e affascinanti. È assolutamente necessario fare questa esperienza almeno una volta, anche perché i costi sono molto ridotti (mediamente 2 euro per ciclista + bicicletta).

Il percorso

Il percorso che qui proponiamo si svolge su ambo le sponde del Danubio, quindi ogni tanto bisogna imbarcarsi su un traghetto o attraversare un ponte. In pratica quasi sempre esiste la doppia possibilità di correre lungo la sponda destra o quella sinistra ma, inutile nasconderselo, spesso una merita più dell'altra.
Io ho effettuato questo percorso in quattro diverse occasioni nel giro di vent'anni (con un gruppo di compagni di scuola molti anni fa, poi con la mia dolce metà, ancora con la mia dolce metà e il dolcissimo frutto del nostro amore, quindi con un amico sportivo), con differenti approcci – turistico, spigliato, rilassato, sostenuto – e ho maturato un percorso ideale in rapporto alla bellezza della strada e alle città incontrate. È quello che vi suggerisco e che descrivo: per esperienza è il migliore. Se invece voi volete andare alla ricerca di qualcos'altro, siete liberissimi – ovviamente – di farlo e di utilizzare le varianti, sempre ben segnalate lungo il percorso. Non potrete perdervi neppure in questo caso. Tenete presente che in questa guida troverete la descrizione

In mezzo ai campi coltivati.

solo del tratto da me consigliato.
In sintesi, per riassumere l'itinerario da Passau a Vienna, io consiglio questo tragitto: da Passau a Engelhartszell lato destro (questo è l'unico caso in cui descrivo anche quello sull'altra sponda, pressoché sullo stesso livello come bellezza e interesse), poi traghetto e lato sinistro fino a Schlögen (obbligo di passare sulla sponda opposta), sempre sul lato destro si affrontano gli spettacolari meandri, si passa per Aschach fino ad arrivare a Wilhering, ferry-boat e passaggio sulla sponda sinistra alla città di Ottensheim, e da lì arrivo a Linz. Da Linz si continua sul lato sinistro (propongo però un'escursione andata/ritorno per la bellissima Markt St. Florian), quindi si passa per Mauthausen (assolutamente consigliata la brevissima deviazione per la visita al campo di concentramento) e si continua fino a 2 km da Grein (che comunque propongo di visitare); qui si attraversa il grande ponte e ci si porta sul lato destro continuando per Ybbs, Pöclarn e Melk. A Melk si attraversa nuovamente il fiume grazie a un grande ponte e sulla sponda sinistra ci si gode la splendida Wachau fino a Krems. Da Krems a Vienna, sempre sul lato destro (anche se in questo caso quello sinistro potrebbe costituire un'alternativa pressoché simile come qualità).

■ GPS

Nel testo che descrive questo affascinante itinerario si è ritenuto opportuno inserire, per i punti maggiormente significativi, le coordinate univoche fornite dal sistema GPS. Questo sistema si basa su un ricevitore che elabora i segnali di posizione inviati da 24 satelliti e li traduce in una posizione, espressa in latitudine e longitudine e altitudine. A questo punto l'utente avrà un'idea molto precisa del punto in cui si trova e della direzione da seguire.
Il sistema, pur con qualche limite (per funzionare si deve disporre di un'ampia zona di cielo visibile, il calcolo dell'altitudine è spesso aleatorio), può costituire un efficace strumento per risolvere definitivamente il problema della giusta rotta da seguire. Chi intende aquistarlo valuti bene le caratteristiche del modello individuato e la rispondenza con le proprie reali esigenze.
Chi lo userà, infine, segua la regola valida per tutte queste innovazioni tecnologiche: usarle senza restarne usati!

Come usare questa guida

Questa guida, come le altre della collana "Cicloguide", è stata pensata per essere utilizzata inserendola all'interno della tasca trasparente presente in quasi tutte le borse poste sul manubrio e con le pagine riportanti la mappa rivolte verso il ciclista. Sarà così possibile seguire passo passo il percorso compiuto. Ogni mappa visualizza il tratto della ciclovia descritto dal testo del capitolo in cui essa si trova. Si è voluto lasciare piena libertà di movimento senza suggerire tappe prestabilite: ogni viaggiatore avrà la possibilità di tracciare il proprio percorso ideale. Il testo, oltre a fornire le istruzioni relative al percorso da seguire, fornisce anche numerose informazioni sulla storia, l'arte e le tradizioni delle località attraversate.

Tutto ciò che serve per vivere un'esperienza in bicicletta a 360 gradi. Buone pedalate!

Struttura delle schede

Badesee-Willersbach | 24,1 km

Passau — Linz — Melk — Vienna

■ Badesee → Grein [9,4 km] Ora si pedala lungo una bellissima ciclabile frondosa che ci accompagna piacevolmente fino a **Dornach**, dove al km 3,4 si attraversa un ponte su un fiumiciattolo e quindi si gira a destra, sempre lungo il Danubio **(GPS 17: x 486.563; y 5.337.688)**.

Si corre paralleli alla ferrovia, tenendola alla propria sinistra, si oltrepassa la stazione ferroviaria di Dornach e poi si continua in mezzo al verde, con la costante presenza della strada ferrata e anche della strada asfaltata, entrambe a sinistra e a ridosso di una collina.

Per pochi metri la pista si discosta dalle due vie di comunicazione, descrive un'ampia curva a destra al km 5, poi appare un bivio: si prende a sinistra e si ritorna subito sulla riva. In questi chilometri il panorama torna a cambiare e il Danubio, dopo qualche chilometro di calma piatta, ricomincia a insinuarsi tra colline verdeggianti e mosse.

Al km 7,4 ci si trova sotto un grande ponte **(GPS 18: x 489.213; y 5.339.906)** nei pressi di **Grein**, che dista un paio di chilometri. Continuando dritti si giunge alla splendida cittadina che merita una visita accurata, mentre per andare sull'altra sponda del Danubio, decisamente migliore dal punto di vista ciclistico, bisogna – dopo 200 m – **attraversare** la strada (!) ed effettuare una breve rampa in **salita parecchio impervia** (!), e quindi compiere l'attraversamento dell'alto ponte sul Danubio, non prima di aver nuovamente effettuato un **attraversamento veramente pericoloso** (!).

Il nostro personale consiglio è di recarsi a Grein, visitarla attentamente, magari fermarsi a dormire e poi tornare indietro di 2 km, oltrepassare il ponte e recarsi

Lungo il placido Danubio

88

Nota: la guida alla lettura delle carte è riportata nell'aletta interna della copertina.

box approfondimento località

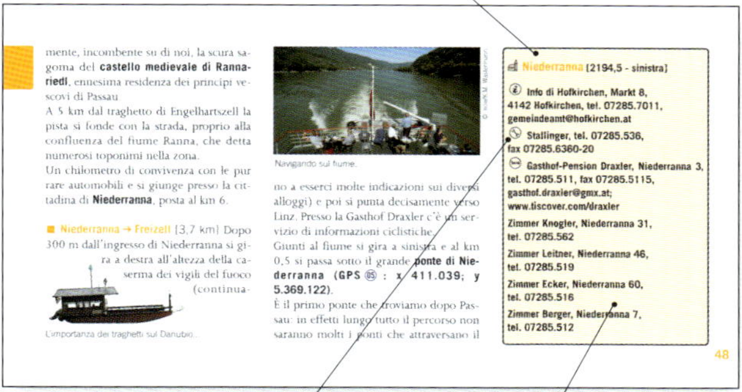
mente, incombente su di noi, la scura sagoma del **castello medievale di Rannariedl**, ennesima residenza dei principi vescovi di Passau.
A 5 km dal traghetto di Engelhartszell la pista si fonde con la strada, proprio alla confluenza del fiume Ranna, che detta numerosi toponimi nella zona.
Un chilometro di convivenza con le pur rare automobili e si giunge presso la cittadina di **Niederranna**, posta al km 6.

■ Niederranna → Freizell [3,7 km] Dopo 300 m dall'ingresso di Niederranna si gira a destra all'altezza della caserma dei vigili del fuoco (continua-

L'importanza dei traghetti sul Danubio...

Navigando sul fiume.

no a esserci molte indicazioni sui diversi alloggi) e poi si punta decisamente verso Linz. Presso la Gasthof Draxler c'è un servizio di informazioni ciclistiche.
Giunti al fiume si gira a sinistra e al km 0,5 si passa sotto il grande **ponte di Niederranna (GPS 05: x 411.039; y 5.369.122)**.
È il primo ponte che troviamo dopo Passau: in effetti lungo tutto il percorso non saranno molti i ponti che attraversano il

Niederranna [2194,5 - sinistra]

Info di Hofkirchen, Markt 8, 4142 Hofkirchen, tel. 07285.7011, gemeindeamt@hofkirchen.at

Stallinger, tel. 07285.536, fax 07285.6360-20

Gasthof-Pension Draxler, Niederranna 3, tel. 07285.511, fax 07285.5115, gasthof.draxler@gmx.at; www.tiscover.com/draxler

Zimmer Knogler, Niederranna 31, tel. 07285.562

Zimmer Leitner, Niederranna 46, tel. 07285.519

Zimmer Ecker, Niederranna 60, tel. 07285.516

Zimmer Berger, Niederranna 7, tel. 07285.512

48

indirizzi utili

informazioni turistiche

mappa che inquadra la porzione del percorso descritta nel testo

dettaglio con l'attraversamento di una città

Legenda dei simboli usati nel testo

Obernzell [2210,5 - sinistra] = Località raggiunta

Obernzell [**2210,5** - sinistra] = Distanza in km dalla foce

Obernzell [2210,5 - **sinistra**] = Sponda del fiume

(i) = Informazioni

(mecc.) = Meccanico

(traghetto) = Traghetto

(campeggio) = Campeggio

(ostello) = Ostello

(albergo) = Albergo

(12) = Riferimento GPS

(!) = Punto pericoloso

IL PERCORSO

Passau-Vienna 330 km

Passau-Obernzell | 16,2 km

Passau — Linz — Melk — Vienna

La partenza per la ciclabile sul Danubio non può avvenire da una città più incantevole: siamo ancora in Germania – in Baviera per la precisione – ma a soli 4 km dall'Austria. Costruita alla confluenza di tre fiumi – Danubio, Inn e Ilz che la dividono in tre parti, l'**Altstadt** sulla penisola tra Inn e Danubio, l'**Innstadt** sulla riva destra dell'Inn, e l'**Ilzstadt** tra Ilz e Danubio – emana un fascino particolare, col suo passato segnato dai celti, dai romani e infine dai principi vescovi che detennero il potere fino al 1803.

> «A Passau prevale la rotondità, la curva, la sfera, un cosmo chiuso e finito come una palla, ben protetta e coperta da un cappello episcopale. La sua bellezza è quella della signora, la seduzione accogliente e conciliante del finito. Ma la curva della cupola sfuma in quella materna della riva, trapassa in quella delle onde che sfuggono e si dissolvono; l'inafferrabilità e la leggerezza dell'acqua rendono ariosa e lieve la pompa dei palazzi e delle chiese, che appare misteriosa e lontana, irreale come un castello nel cielo della sera».
>
> C. Magris, *Danubio*, p. 137.

Dedicare un'intera giornata alla visita dei suoi innumerevoli monumenti – dalla **cattedrale di S. Stefano** (**Dom**) all'antica **Residenz**, domicilio dei principi vescovi, dalla **Veste Oberhaus**, possente fortezza simbolo del potere dei principi vescovi al municipio barocco (**Rathaus**) – è assolutamente consigliato, come pure perdersi per le vie della città ad ammirare la centralissima **Domplatz**, i numerosi palazzi e le case barocche, oppure affacciarsi sul **Dreiflüsseeck**, la maestosa confluenza dei tre fiumi, luogo simbolico da dove si può comprendere a fondo lo spirito di Passau.

Il St. Stephansdom troneggia sulla città di Passau.

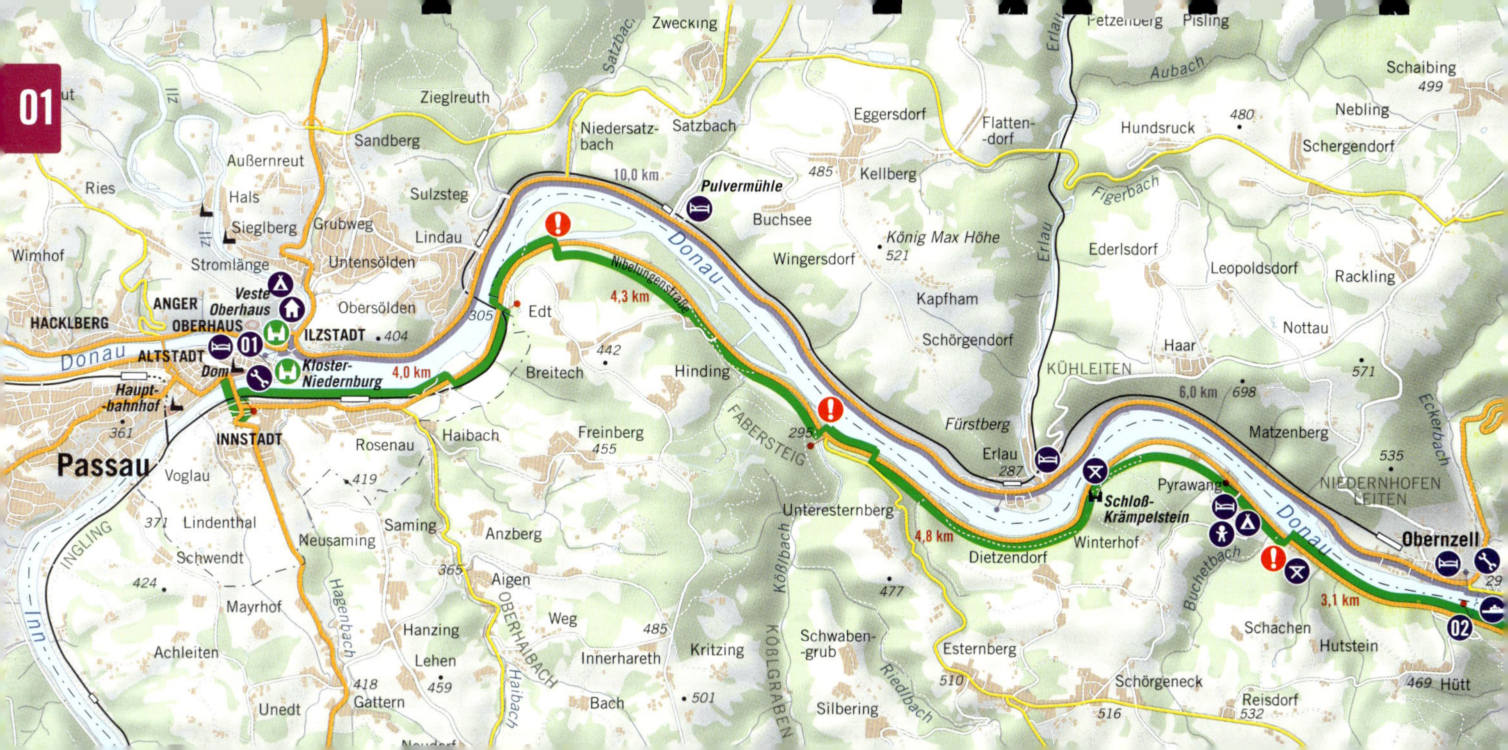
01
Passau
HACKLBERG
ANGER
OBERHAUS
ALTSTADT
Dom
Haupt-bahnhof
361
INNSTADT
ILZSTADT
404
Veste Oberhaus
Kloster-Niedernburg
Donau
Inn
INGLING
Ilz
Wimhof
Ries
Außernreut
Hals
Sieglberg
Stromlänge
Sandberg
Zieglreuth
Grubweg
Sulzsteg
Lindau
Untensölden
Obersölden
4,0 km
305
Edt
Breitech
442
Haibach
Rosenau
419
Voglau
371
Lindenthal
Schwendt
424
Neusaming
Saming
Anzberg
365
Aigen
OBERHAIBACH
Haibach
Hagenbach
Mayrhof
Achleiten
Unedt
418
Gattern
Lehen
459
Hanzing
Weg
485
Innerhareth
Bach
501
Kritzing
Schwaben-grub
Silbering
KÖßLGRABEN
Kößlbach
Freinberg
455
Hinding
4,3 km
Nibelungenstraße
FABERSTEIG
295
Unteresternberg
4,8 km
Esternberg
510
Riedlbach
516
477
Dietzendorf
Winterhof
Schloß-Krämpelstein
Pyrawang
Buchetbach
Schachen
Hutstein
Schörgeneck
Reisdorf
532
469
Hütt
3,1 km
02
Oberinzell
29
NIEDERNHOFEN LEITEN
535
Eckerbach
Matzenberg
6,0 km
698
571
Nottau
Haar
KÜHLEITEN
Fürstberg
Erlau
287
Erlau
Schörgendorf
Kapfham
König Max Höhe
521
Wingersdorf
Buchsee
Pulvermühle
10,0 km
Niedersatz-bach
Satzbach
Zwecking
Satzbach
Eggersdorf
485
Kellberg
Flatten-dorf
Figerbach
Ederlsdorf
Leopoldsdorf
Rackling
Schergendorf
Hundsruck
480
Nebling
Schaibing
499
Aubach
Petzenberg
Pisling

Dopo la visita a Passau è già tempo di partire e fin da subito si prospettano due diverse possibilità: seguire il lato destro del fiume, in terra austriaca, oppure il lato sinistro lungo la sponda tedesca. La lunghezza è pressappoco la stessa, in entrambi i casi circa 26 km per raggiungere la cittadina di Engelhartszell, sul lato sinistro del fiume. Nel primo caso (VARIANTE A) si attraversa subito il confine austriaco e si pedala nel verde a fianco di una strada federale, non particolarmente trafficata, invece nel secondo caso (VARIANTE B) la pista ciclabile attraversa la rigogliosa riserva naturale bavarese di Donauleiten, insinuandosi per 25 km in terra tedesca. I due percorsi complessivamente si equivalgono, perché la VARIANTE B presenta come caratteristica negativa il fatto di dover pedalare, per i primi 16,5 km, su una pista ciclabile

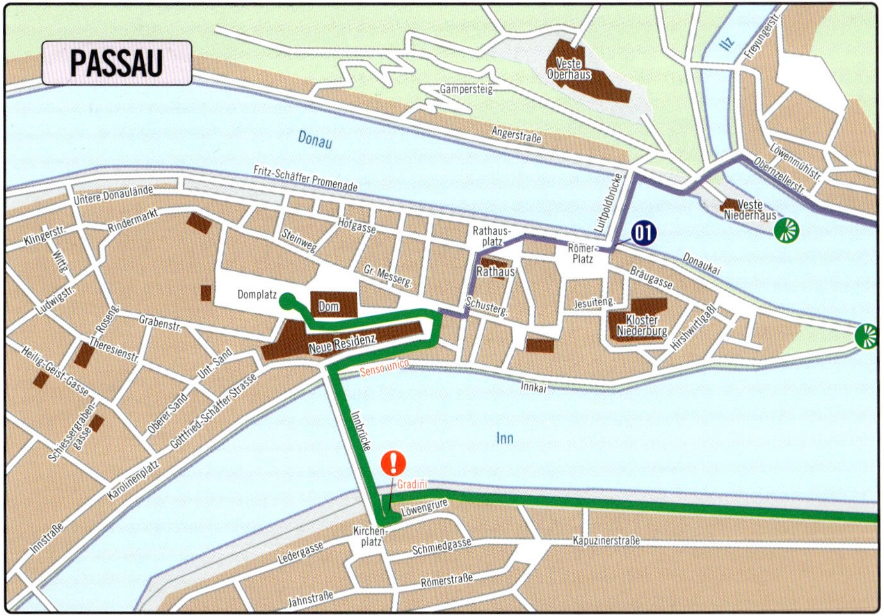

Passau [2226 - destra]

Passau Tourismus, Rathausplatz 3, tel. 0851.95598-0, fax 0851.35107, www.passau.de; tourist-info@passau.de

Passau Tourismus, Bahnhofstrasse 36, tel. 0851.95598-0, fax 0851.57298

Fahrrad-Klinic, Bräugasse 8, tel. 0851.33411

Jugendherberge, Oberhaus 125, tel. 0851.49378-0, fax 0851.49378-20, jhpassau@djh-bayern.de

Camping Ilzstadt, Halser Strasse 34, tel. 0851.41457

Pension Rössner, Braugasse 19, tel. 0851.93135-0, info@pension-roessner.de

Hotel garni Vicus, Johann Bergler Strasse 2, tel. 0851.931050, fax 0851.9310512

Hotel Wienerwald, Grosse Klingergasse 17, tel. 0851.3306-9, fax 0851.3306-0

Hotel Deutscher Kaiser, Bahnhofstrasse 30, tel. 0851.95566-15, fax 0851.95566-70, hotel@niedermayer-reisen.de

Pension Gambrinus, Haibach 20 (3 km), tel. 0851.2905, mail@pension-gambrinus.de

Euro Hotel Passau, Neuburger Strasse 128, tel. 0851.98842-0, fax 0851.98842-111, office@eurohotel-passau.de

Hotel Pension Haidenhof, Brixener Strasse 7, tel. 0851.95987-0, fax 0851.95987-95, info@haidenhof.de

Una piazza della città.

a fianco della trafficata stradale, mentre nel corso della VARIANTE A sono presenti tre tratti di strada sterrata (rispettivamente di 0,4, 0,7 e 0,3 km) e poi c'è un tragitto di 1,9 km in cui si corre in promiscuità con le macchine. Personalmente suggeriamo questo percorso, la VARIANTE A.

VARIANTE A/SPONDA DESTRA

Passau → Pyrawang [13,1 km] Dal centro della città, Domplatz, si pedala lungo la Innbrückgasse e quindi si attraversa il lungo ponte sul fiume Inn, il Marienbrücke, terminato il quale si arriva in Kirkenplatz: ci si tiene sulla sinistra, si imbocca la stradina Löwengrube per poi scendere una breve e ripida scalinata (con scivolo per le bici) e giungere finalmente sulla pista ciclabile che corre a fianco di un binario.

Esplorando Passau

Domplatz - È il centro della città, dominato dalla cattedrale e ornato dalla **statua di Massimiliano I Giuseppe** e circondato da edifici come il **Lamberg-Palais**, l'**Hof Starzhausen**, l'antico **Kapitelhof**, il decanato, **Domdechantei**, e la depositura, **Dompropstei**, con cortile ad arcate.

Dom St. Stephan - Della costruzione gotica rimane la parte absidale – in stile gotico fiammeggiante – e il transetto; custodisce l'organo più grande del mondo.

Residenz - Dietro la cattedrale, è l'antica residenza dei principi vescovi e si compone di due edifici: l'antica residenza, quasi completamente rifatta alla fine del sec. XVII, e la nuova residenza, tuttora palazzo vescovile, edificio classicheggiante del sec. XVIII.

Tesoro della cattedrale e museo diocesano d'arte sacra - (a pagamento, maggio-ottobre, ore 10-16; dom chiuso).

Spielzeugmuseum - museo di antichi giocattoli, europei e americani (a pagamento, Pasqua-ottobre, ore 9.30-17.30; novembre-Pasqua, solo sab e dom).

Rathaus - Municipio (a pagamento, Pasqua-settembre, ore 10-17; ottobre 10-16). Si trova in una suggestiva piazza sul Danubio, costruito nel 1393, barocchizzato nel 1662, dipinto e arricchito di una torre nel secolo scorso.

Glasmuseum - museo del vetro (a pagamento, ore 10-17). Uno dei più importanti del mondo, con oltre ventimila pezzi dal Biedermaier allo Jugendstil.

Jesuitenkirche St. Michael - Imponente chiesa dei gesuiti sulla riva sinistra dell'Inn.

Kloster Niedernburn - Antico convento di monache benedettine, più volte rifatto fino al 1662, quando acquistò l'attuale aspetto. Notevole la chiesa conventuale romanica di Helige Kreuz, del sec. XI.

St. Severin - Piccola chiesa sulla riva destra dell'Inn, a piedicroce carolingio del sec. IX. A pochi passi (Ledergasse 43), sono visibili i resti del castello tardoromano di **Boiotro** (a pagamento, marzo-novembre, ore 10-12 e 14-16; lun chiuso), con museo archeologico.

Veste Niederhaus - La piccola fortezza, della metà del sec. XIV, domina la confluenza dell'Ilz col Danubio. Un passaggio la unisce al più vasto complesso dell'Oberhaus.

Veste Oberhaus - (a pagamento, marzo-gennaio, ore 9-17; lun e febbraio chiuso).
Del sec. XIII, nel corso dei secoli fu ampliata e utilizzata come palazzo dei principi vescovi; al centro la sovrasta la poderosa torre di guardia del sec. XVII. All'interno ci sono diversi musei di storia, folclore e arte.

Salvatorkirche - Sulla riva dell'Ilz, sotto la fortezza, sorge l'antica sinagoga, poi chiesa di S. Salvatore, gotica (1470).

Passau, le chiuse.

Dopo poche centinaia di metri si trova un tratto di **sterrato** di 400 m, abbastanza stretto e con solchi, un passaggio non difficile ma particolarmente angusto, pur immerso nel verde. Si consiglia di porre la massima attenzione: l'eccitazione della partenza può giocare brutti scherzi. Frassini maestosi si ergono a sinistra. Quindi la pista ritorna asfaltata, si passa davanti alla stazione di Rosenau (attraversamento dei binari), ma poco dopo ecco un altro tratto **sterrato** (700 m): prestare ancora attenzione, anche qui la pista è abbastanza stretta. Al km 2,5 c'è un sottopassaggio stradale e la pista ora si mantiene sul lato sinistro della strada federale, chiamata Strada dei Nibelunghi, sempre ben separata.

Al km 4 si passa per la vecchia dogana, simbolo di un'Europa che non esiste più, si entra in Austria e in corrispondenza c'è un **attraversamento** pedonale (!) che ci porta sul lato sinistro della sede stradale. La strada che costeggiamo non è particolarmente frequentata. Dopo 500 m ecco un **attraversamento** della strada (!), la pista adesso corre a destra e si addentra nel bosco, dove si incontrano 300 m di **sterrato**. Ora si attraversano campi di fiori colorati, si sente il cinguettio degli uccelli, ed è possibile incontrare anche qualche scoiattolo. Al km 8 si oltrepassa

Pyrawang [2213 - destra]

Com. di Esternberg, t. 07714.6655-10, f. 07714.6655-9, gemeinde@esternberg.ooe.gv.at

Dullinger, Esternberg 64 (a 4 km), t. 07714.6200

Roswitha Fischer, Pyrawang 9, t. 07714.6504

Joseph Steiningen, Pyrawang 1, t. 07714.6566

Roswitha Fischer, Pyrawang 9, t. 07714.6504

Rudolf Grasseger, Pyrawang 12, t. 07714.6208

Johann Holzapfel, Pyrawang 18, t. 07714.6178

Joseph Grasseger, Pyrawang 29, t. 07714.6170

Maria Unterholzer, Pyrawang 17, t. 07714.6172

Da vedere

La **chiesa parrocchiale**, che sorge isolata e custodisce degli interessanti affreschi gotici scoperti di recente.

un ponte coperto in legno e poi si **attraversa** nuovamente la strada (!) portandosi sul lato sinistro. 1,9 km di pista ciclabile e poi questa scompare fondendosi con la sede stradale: state attenti perché la strada non è trafficata ma il tratto è abbastanza ondulato, con qualche strappetto. Dopo 1,9 km di strada ecco tornare la pista ciclabile che si separa sulla destra rispetto alla sede stradale. Al km 13,1 appare la cittadina di Pyrawang, piccola ma dotata di **campeggio** e con **giochi per bambini**. È un villaggio composto da un gruppo di case e dalla presenza importante dei vigili del fuoco; ci sono alcune invitanti case che affittano camere, inoltre un ristorante sulle sponde del fiume consente di poter mangiare godendo di una vista notevole.

Esternberg.

■ **Pyrawang → traghetto per Obernzell** [3,1 km] Si continua a destra della strada federale e dopo 0,9 km c'è un ulteriore **attraversamento** (!) e ci si porta a sinistra della strada: pista frondosa e ampia oltre due metri con parapetto in legno, a integrarsi maggiormente con la natura. Al km 2,3 si incontra una bella **area attrezzata per picnic** e dotata anche di WC. Dopo altri 0,8 km ecco il **traghetto** per la bella cittadina tedesca di Obernzell (**GPS 01 : x 399.703; y 5.378.295**) (orari: lun-ven 6.15-18.45; sab-dom e festivi 7.30-18.45).

Nei pressi di Passau.

VARIANTE B/SPONDA SINISTRA

■ **Passau → Erlau** [10 km] Dalla Domplatz si entra in Residenz Platz, a destra si gira per la Schustergasse, quindi la prima a sinistra (Klaftergasse) e si arriva in Rathausplatz, sulle rive del Danubio; da qui si deve oltrepassare il Danubio attraverso il Luitpoldbrüche (**GPS 01 : x 387.246; y 5.381.327**) sovrastato dalla possente fortezza della Veste Oberhaus; quindi si gira a destra, si supera un tunnel e si attraversa il ponte sul fiume Ilz.

Ora siamo finalmente sulla sponda sinistra del Danubio e possiamo osservare il punto di confluenza dei tre fiumi, di cui si nota il colore diverso delle acque; a prima vista sembra essere più grande l'Inn del Danubio, ma questo è un problema che ha occupato a lungo gli studiosi.

La pista ciclabile corre sul lato destro della strada, a ridosso del fiume. Al km 2,5

La ciclovia all'uscita di Passau.

Erlau [2217 - sinistra]

Hotel Gasthof Zum Edlhof, Edlhofstrasse 10, Erlau, tel. 08591.466, hotel@edlhof.de

Gasthof Hotel Zur Post, Hauptstrasse 22-24, Erlau, tel. 08591.91490, info@hotel-zur-post-erlau.de

si passa sotto un ponte ferroviario a Lindau; si procede sempre a fianco della strada anche se ben separati dalla carreggiata, ma con traffico abbastanza intenso e rumoroso, ben più che sull'altra sponda del fiume. Cominciamo comunque a godere, dopo l'attraversamento della città, della bellezza del fiume e dei suoi panorami selvaggi. Si pedala sempre con il Danubio a vista, una presenza costante e rassicurante, cui cominciamo ad abituarci: sarà il nostro fedele compagno di viaggio. Al km 10 si entra nella cittadina di **Erlau**.

Erlau → Obernzell [6 km] Si continua a pedalare nella selvaggia riserva naturale di oltre 405 ettari, tra una fitta foresta di alberi decidui, anche se non si può negare che la presenza della strada trafficata sottragga al tutto un po' di poesia.

Al km 14,8 appare il cartello di **Obernzell** e poco dopo la pista confluisce sulla strada

Schaiblingturm a Passau.

Obernzell [2210,5 - sinistra]

Tourist-Info, Marktplatz 42,
tel. 08591.9116-119, www.obernzell.de;
tourismus@obernzell.de

Franz Kasberger, Dorfstrasse 9,
tel. 08591.1258, fax 08591.912119,
radsport-kasberger@freenet.de,
www.radsport-kasberger.de

per Kasten
Orari: lun-ven 6.15-18.45; sab-dom e festivi 7.30-18.45

Gasthof Zum Freischutz, Bachstrasse 7,
tel. 08591.1863

Gasthof Alte Schiffspost, Marktplatz 1,
tel. 08591.1030, inf@hotel-alte-schiffspost.de

Pension Zur Brücke, Bachstrasse 13,
tel. 08591.1379, erika-wuerzinger@we.de

Pension Haus Sybill, Max-Moser Strasse 4,
tel. 08591.751

Pension Haus Maria Jell, Siedlungstrasse 10,
tel. 08591.1319

Zimmer Nowak, Hameter Strasse 41,
tel. 08591.670

Da vedere

Il **castello**, una delle residenze dei principi vescovi di Passau, dalla imponente mole. Il **Museo della ceramica** (orari: aprile-ottobre, mar-dom ore 10-17), ospitato nelle sale del Castello, testimonianza della secolare produzione di ceramiche nella zona. La chiesa barocca di **Mariae Himmelfahrt**, del 1739, con pregevole pala dell'Assunta, opera di P. Troger.

Sosta sulle rive del Danubio.

Lungo le vie del centro di Passau.

e si pedala in promiscuità con le macchine all'interno del centro abitato di questa bella cittadina, di circa 3000 abitanti, dalle case colorate, anticamente chiamata **Hafnerzell** perché abitata da moltissimi ceramisti. Al km 16, all'uscita della città, un servizio di traghetto collega la sponda opposta: precisamente si arriva a 1,1 km dalla cittadina austriaca di **Kasten** (orari: lun-ven 6.15-18.45; sab-dom e festivi 7.30-18.45).

Frühstück

In una vacanza di questo tipo la colazione svolge un ruolo centrale, quasi decisivo per il prosieguo della giornata. Dopo essersi svegliati e rinfrescati con una bella doccia, recarsi nella sala colazioni – presente immancabilmente in ogni albergo e in qualsiasi abitazione privata – diventa un vero rito propiziatorio.
Le abitudini dei paesi mitteleuropei sono decisamente diverse da quelle di noi mediterranei, ma in questo caso gli interessi coincidono perfettamente: una sostanziosa colazione è proprio ciò che ci vuole per rifornire di benzina il nostro serbatoio.

È quindi un piacere tuffarsi nel profumo fragrante del pane caldo, nelle appetitose marmellate, nei mieli aromatizzati, nel burro fresco, nelle fette di salame, speck e prosciutto, nei vari tipi di formaggio, perfino nei cetrioli e nelle cipolline, il tutto innaffiato da caffè – non certo espresso ma "alla francese" – e da un buon bicchiere di succo di frutta.

La qualità dei prodotti è mediamente elevatissima: spesso nelle abitazioni private vengono serviti diversi tipi di marmellata o di miele confezionati in casa. Altrettanto frequente l'offerta di torte appena sfornate e quella di uova alla coque, a volte appena raccolte nel vicino pollaio o anche di frutta colta dagli alberi del giardino di casa.
Durante questo momento decisivo della giornata, cui è assolutamente necessario dedicare almeno una buona mezz'ora, ci si ritrova tutti assieme nella stessa stanza e se esiste una certezza e una costante è certamente questa: troverete sempre dei ciclisti. Quindi la colazione si trasforma anche in un'ottima occasione per scambiarsi opinioni e consigli sul tracciato, passarsi qualche indirizzo per la tappa successiva e far la conoscenza di qualche spaccato di vita curioso e originale. Non siate frettolosi e dedicate il tempo necessario alla frühstück: vi consentirà anche di arrivare fino a mezzogiorno a stomaco pieno e quindi di affrontare la prima parte della giornata con tanta energia e voglia di pedalare.
È uno di quei momenti che vi farà decisamente apprezzare la scelta di viaggiare in bicicletta, perché in questi pur brevi incontri si stabilisce una sorta di intesa, si percepisce un senso di vicinanza e di appartenenza che stimola lo scambio e il desiderio di condividere un'esperienza con altre persone che sono sintonizzate sulla stessa lunghezza d'onda.

Non siate frettolosi...

Passau — Linz — Melk — Vienna

VARIANTE A/SPONDA DESTRA

traghetto per Obernzell → Kasten [1,1 km]
Dal traghetto per Obernzell si continua lungo la frondosa e fresca ciclabile che corre ancora sul lato sinistro della strada, al suo fianco. Dopo 850 m, lungo il fiume, si distende il **campeggio** di **Kasten**. Al km 1,1 appare il cartello che annuncia la cittadina, che ospita anche una darsena per imbarcazioni e, vicino, un campo da pallavolo. È un piccolo villaggio – come i

Kasten [2209 - destra]

Presso Comune di Vichtenstein, tel. 07714.8055, fax 07714.8056

per Obernzell - Orari: lun-ven 6.15-18.45; sab-dom e festivi 7.30-18.45

Campingplatz Kasten, Kasten 8, Gemeindeamt, tel. 07714.8055

Gästehaus Donautal, Maria Elisabeth Pointner, Kasten 22, tel. 07714.6310, fax 07714.6310-4, gaestehaus.donautal@uta-net.at; www.tiscover.com/donautal

Gasthaus Reinhold Klaffenböck, Kasten 15, tel. 07714.6505, rvk@yline.com

Gasthaus Markus Pilsl-Wurmsdobler, Kasten 19, tel. 07714.6502, markus.pilsl@utanet.at

Reierbauer fam Schmid, Kasten 8, tel. 07714.6531

Schusterbauer Walter Dullinger, Kasten 3, tel. 07714.6549

Petern Konrad Burgholzer, Kasten 13, tel. 07714.6529

Da vedere
Chiesa di St. Jacob, graziosa e piccola chiesa barocca.
Castello di Vichtenstein (a 4 km: salita!).

Insegna nei pressi di Kasten.

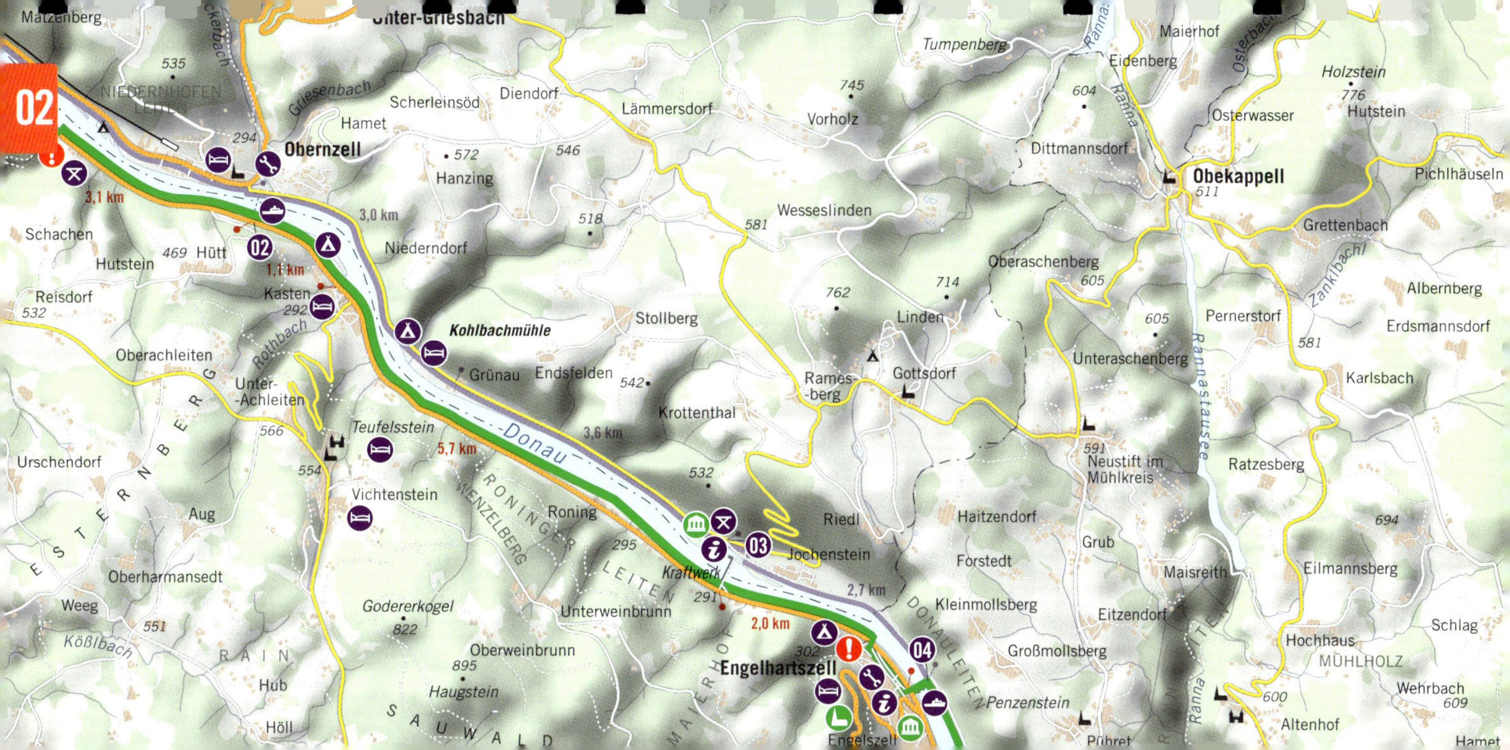
02
Matzenberg
Unter-Griesbach
535
NIEDERNHOFEN
Griesenbach
Scherleinsöd
Diendorf
Lämmersdorf
Hamet
294
Obernzell
572
Hanzing
546
3,1 km
3,0 km
518
Wesseslinden
581
Schachen
469
Hütt
02
Niederndorf
Hutstein
1,1 km
Kasten
292
Reisdorf
532
Rothbach
Kohlbachmühle
Stollberg
Oberachleiten
Grünau
Endsfelden
542
Unter-Achleiten
Krottenthal
566
Teufelsstein
5,7 km
Donau
3,6 km
Urschendorf
554
Vichtenstein
RONINGER
WENZELBERG
Roning
532
Aug
295
LEITEN
Kraftwerk
291
Oberharmansedt
Weeg
Godererkogel
822
Unterweinbrunn
551
Kößlbach
RAIN
Oberweinbrunn
895
Haugstein
Hub
Höll
SAUWALD
MAIERHOF
Riedl
03
Jochenstein
2,7 km
2,0 km
302
Engelhartszell
Engelszell
Tumpenberg
745
Vorholz
Ranna
Eidenberg
604
Dittmannsdorf
Maierhof
Osterbach
Holzstein
776
Hutstein
Osterwasser
Obekappell
511
Pichlhäuseln
Grettenbach
Zankelbach
Oberaschenberg
605
714
762
Linden
605
Albernberg
Pernerstorf
Erdsmannsdorf
581
Unteraschenberg
Rannastausee
Rames-berg
Gottsdorf
Karlsbach
591
Neustift im Mühlkreis
Ratzesberg
Haitzendorf
694
Grub
Forstedt
Maisreith
Eilmannsberg
Kleinmollsberg
Eitzendorf
Schlag
DONAULEITEN
04
Großmollsberg
Hochhaus
MÜHLHOLZ
Penzenstein
600
Wehrbach
609
Altenhof
Pühret
Hamet

Traghetto a Engelhartszell.

molti che si incontrano lungo il tragitto – con case perfettamente allineate lungo la strada che trova nel Danubio la sua fonte di vita. Per chi è particolarmente interessato alla cura del corpo e alla medicina alternativa, la **Gästehaus Donautal** è munita di un piacevole percorso attrezzato per stimolare i riflessi del piede (*fussreflexzonenweg*).

■ **Kasten → Engelhartszell** [7,7 km] Dopo 200 m, ancora all'interno del paese, si trova un'**area per picnic**. La pista corre sul lato sinistro della strada, sempre in leggera e piacevole discesa. Dopo 2,2 km si supera un ponticello in legno e al km 3,1 la pista abbandona la strada lasciandola a 150-200 m di distanza e segue il fiume.

Al km 4,8 si ritrova la strada asfaltata in prossimità della grande diga di Jochenstein, che si raggiunge esattamente al km 5,4. La pista torna a correre sotto il livello della strada, per poi riemergere al livello della statale.

A poche centinaia di metri da Engelhartszell appare un **campeggio** con piscina.

Al km 7,0 ecco il cartello di ingresso, in prossimità del quale c'è un **attraversamento pericoloso** (!): la pista si sposta

Engelhartszell

Antico centro del XIII secolo, cresciuto attorno all'**abbazia** detta **Cella Angelicorum** (Cella degli Angeli) fondata dai Cistercensi nel 1293 e ricostruita in forme barocche dopo un incendio. La biblioteca ha il soffitto ornato da affreschi di Bartolomeo Altomonte, artista che ha lavorato pure nella chiesa adiacente, dedicandosi alle volte dei cori e alle pale degli altari. Dal 1925 l'abbazia è diventata un convento trappista, l'unico in Austria: una mostra permanente mostra la vita e il lavoro dei frati trappisti, noti in tutto il mondo per il loro tradizionale ascetismo. Attualmente i monaci producono un famoso ed eccellente liquore al ginepro (assolutamente da gustare) e anche alcuni gustosi formaggi. Il piacevole paese ora ospita circa 1200 abitanti, era (ed è tuttora) rinomato in Austria come luogo di ricreazione per il corpo e per la mente ed era un importante centro di commercio e di mercato lungo il fiume.

sul lato destro della carreggiata e poi si fonde con una strada promiscua che entra dentro il paese. Al km 7,6 **ufficio informazioni**.

Dopo 300 m circa, sulla sinistra, il traghetto (orari: aprile e ottobre 10-17, da maggio ad agosto 8.30-19, settembre 9-18) **(GPS 04 : x 406.268; y 5.373.586)** che bisogna prendere per spostarsi sull'altra sponda, assolutamente più bella rispetto alla destra. Prima però si consiglia la visita alla bella cittadina e alla grande abbazia con monastero.

L'abbazia di Engelszell.

Engelhartszell [2201 - destra]

Tourismusverband Engelhartszell, Marktplatz 61, tel. 07717.8055 - 8245; fax 07717.8055-22; www.engelhartszell.at; karin.wundsam@engelhartszell.ooe.gv.at

Tankstelle Strassl, tel. 07717.8037

Radpension Hl. Antonius, Hr. Rukavina, Nibelungenstrasse 68, 07717.2004-9

Camping im Freibadgelände (con piscina), Nibelungenstrasse 113, tel. 0664.8708787

Goldenes Schiff, Nibelungenstrasse 2, tel. 07717.8009; fax 07717.8009-7, goldenes.schiff@aon.at; www.tiscover.com/zum.goldenen.schiff

Rontalherhof M. Lötsch, Ronthal 2, tel. 07717.8083

Peter und Maria Mühlböck, Marktstrasse 35, tel. 07717.8013

Zum Haugstein fam. Eder, Stadl 8, tel. 07717.7318, gasthof.eder@7x24.at

Hufsschmiede Fam. Maislinger, Nibelungenstrasse 11, tel. 07717.8059

Donaublick Fam. Aichinger, Sauwaldstrasse 122, tel. 07717.8172, haus.donaublick@aon.at,

Maria Reiter, Siedlungstrasse 76, tel. 07717.8131

Maria Hechinger, Stiftstrasse 16, tel. 07717.8088

Da vedere

L'**abbazia cistercense** (convento trappista), fondata nel 1293 e la bella **chiesa abbaziale** dalla barocca torre centrale.

La ricca **biblioteca**.

Il museo **Engelhartszeller Donau-Welt** sulla storia, le tradizioni e i costumi locali, con ampia sezione dedicata al Danubio come preziosa fonte di energia.

VARIANTE B/SPONDA SINISTRA

■ **Obernzell → Jochenstein** [6,6 km] Da Obernzell entriamo finalmente nel vero spirito della pista ciclabile del Danubio: scomparso il traffico, non si vedono né si sentono automezzi, si è in totale fusione con la natura e con i suoi molti suoni, che è piacevole individuare e ascoltare tra il fruscio del vento che penetra fra i raggi. È un silenzio rumorosissimo.

Lasciata alle spalle la cittadina, la ciclabile si immerge nella straordinaria vegetazione della riserva naturale – non c'è alcun segno della presenza dell'uomo – e dopo 2,3 km ci si imbatte nella solitaria e accogliente pensione Kohlbachmühle, col vicino **campeggio** (tel. 08591.320): pernottare qui può essere interessante per calarsi nell'atmosfera di piacevole raccoglimento e contemplazione della natura che si respira in una vacanza come questa. Sull'altra sponda fa capolino il **castello di Vichtenstein**, costruito nel XII secolo, una fortezza imperiosa che domina la valle e che si staglia alle falde del monte Haugstein.

Le acque del Danubio.

Altri 0,7 km e si passa per **Grünau**, borgo minimalista composto da due sole case. Altri 3,6 km di pista ciclabile – tra verdissimi boschi che precipitano dall'alto lambendo l'asfalto e dove fanno capolino tra gli alberi coloratissimi alveari e alcune placide mucche – e si giunge a **Jochenstein** e alla sua grande centrale elettrica. Lungo la pista si erge una grande struttura moderna, avveniristica, di acciaio, vetro e legno, **Haus am Strom**, un museo sull'acqua e sull'area naturalistica di Donauleiten, con percorso interattivo, dotato di *touch-screen* (www.hausamstrom.de; info@hausamstrom.de).

Haus am Strom.

Nella stessa struttura è ospitato l'importante **Centro Informazioni sulla Pista Ciclabile** (aperto dal 15 maggio al 5 settembre; orari: maggio-giugno 10-18; luglio-agosto 9-18; settembre 10-17), che aiuta i ciclisti a trovare alloggio e dà loro ogni pos-

Jochenstein [2203 - sinistra]

Ⓘ **Haus am Strom, tel. 08591.912880**

Gasthof Korexl, Am Jochenstein 10, tel. 08591.1802

sibile informazione relativa alla pista. È dotato di un monitor esterno per le informazioni quando l'ufficio è chiuso, e la struttura dispone anche di un accogliente bar. Inoltre, nelle immediate adiacenze, c'è un'ampia **area per picnic**: insomma, una sosta da non mancare **(GPS 03 : x 404.665; y 5.381.327).**

Insegna lungo il percorso.

ph Claudio Pedroni

Un momento di sosta.

Jochenstein → Engelhartszell [2,7 km]
La cittadina è conosciuta per via dello scoglio che emerge dal fiume, che metteva a dura prova la perizia dei navigatori, considerato la leggendaria casa della ninfa Isa, sorella di Lorelei, a sua volta abitante della Rupe di Lorelei, sul Reno, uno dei miti più diffusi del romanticismo tedesco.

A Jochenstein si può oltrepassare il confine ed entrare in Austria pedalando attraverso la chiusa che alimenta la grande centrale elettrica, oppure continuare, come consigliamo, dopo aver effettuato una breve deviazione a sinistra di 200 m con rientro sul fiume, pedalando lungo la sponda tedesca del Danubio per varcare il confine sul torrente Dantlbach, dopo 1,6 km.

Il manto asfaltato corre tra ontani, salici e faggi. Al km 2,7 incontriamo il **traghetto** per Engelhartszell (orari: aprile e ottobre 10-17, da maggio ad agosto 8.30-19, settembre 9-18).

Engelhartszell: lo stemma della città.

Engelhartszell-Freizell | 9,7 km

Passau — Linz — Melk — Vienna

Engelhartszell→ Niederranna [6 km] Ci trasferiamo senza indugi sul lato sinistro del fiume e seguiamo la dolce pista ciclabile che continua a correre ai margini di una riserva naturalistica e si sta dirigendo verso una delle zone più affascinanti e caratteristiche dell'intero corso del Danubio, i famosissimi meandri di Schlögen. Dopo 2,3 km dalla piccola stazione di arrivo del traghetto proveniente da Engelhartszell, si giunge presso il borgo di **Kramesau**. Qui una volta era posizionato l'importante ufficio informazioni della ciclabile, ora collocato – come abbiamo visto – nella prestigiosa e avveniristica sede di Jochenstein, nel museo Haus am Strom. A Kramesau, lungo la pista, si trova un'accogliente gasthof e un'**area giochi per bambini**.

Come se non bastasse, dopo 1 km si trova un'altra invitante gasthof, Pension Luger Top Rad Stop, con ampia darsena e grande **parco giochi** per bambini. Non c'è che l'imbarazzo della scelta ed è la conferma che questo itinerario è veramente ideale per famiglie con piccoli ciclisti al seguito: è basilare trovare luoghi attrezzati dove farli sfogare e divertire un po' dopo la costrizione della sella.

Dipinto sul muro di una casa a Engelhartzsell.

Ora si pedala decisamente sull'alzaia del fiume, la stradina lungo la quale cavalli e muli trainavano le chiatte controcorrente. Cominciano decisamente a presentarsi ampi rettilinei senza alberi, quindi ci si trova a non più di un metro di distanza dal fiume: si inizia a stabilire un rapporto intimo e personale col fiume stesso, forse per la prima volta da quando si è partiti. Possiamo perfino appagare il nostro spirito narcisistico godendoci la nostra immagine in movimento riflessa sull'acqua! Alzando lo sguardo si distingue netta-

03
Engelhartszell
302
2,0 km
04
05
Engelszell
292
557
Unter-Weinbrunn
AUWALD
MAIERHOF
DONAULEITEN
Klein-mollsberg
Groß--mollsberg
568
Penzenstein
578
Pühret
2,3 km
Eitzendorf
RANNALEITEN
Ranna
600
Hochhaus
MÜHLHOLZ
Altenhof
Gerastorf
697
Schlag
Wehrbach
Hamet
Pfarrkirchen im Mühlkreis
819
Männersdorf
Egnersdorf
Hochetting
658
Klotzing
Daglesbach
Pernersdorf
Atzgersdorf
Mairing
Ollersdorf
809
Steining
657
Haag
Steinstraß
Römersdorf
Fürling
Stadl
726
587
Mühlbach
Sausender B.
FLENKENTAL
Schöfberg
545
Saag
288
Kramesau
Dorf
Donau
Zimmerleiten
St. Aegidi
599
Rannariedl
474
2,7 km
FALKENSTEIN
Stierbühel
Hötzendorf
Dantlesbach
Scharten
Eckleinsbach
Hofkirchen im Mühlkreis
601
Neubau
Leiten
Hundsfülling
Emmerstorf
MÜHLEN
Weinberg
649
Witzersdorf
578
Harrau
Klotzing
Kaindls--dorf
Obernberg
Neuhofen
680
Kößlau
Reiting
Kronschlag
Schauern
Lehen
Feichtberg
777
Kahlberg
Kiriau
Hackendorf
Höllau
Tullern
562
Oberranna
Ufer
1,5 km
Niederranna
289
3,2 km
Wiesen
573
Lehen
Niederkappel
549
Reisedt
Steinzen
Grübl
Maierhof
Kl. Kesselbach
KAGER
Marsbach
KLING
486
Ober-bumberg
659
Paulsdorf
Walleiten
Wallern
Perlbach
Hundorf
559
Wesenufer
ORT
Nieder-bumberg
536
Straß
Königsedt
615
Witzenedt
Edern
Sagedt
552
Dorf
Atzersdorf
Aichberg
Freizell
558
Dorf
Weikersdorf
Inzell
287
Grafenau

mente, incombente su di noi, la scura sagoma del **castello medievale di Rannariedl**, ennesima residenza dei principi vescovi di Passau.
A 5 km dal traghetto di Engelhartszell la pista si fonde con la strada, proprio alla confluenza del fiume Ranna, che detta numerosi toponimi nella zona.
Un chilometro di convivenza con le pur rare automobili e si giunge presso la cittadina di **Niederranna**, posta al km 6.

■ **Niederranna → Freizell** [3,7 km] Dopo 300 m dall'ingresso di Niederranna si gira a destra all'altezza della caserma dei vigili del fuoco (continua-

L'importanza dei traghetti sul Danubio...

© NÖW/K.M. Wastermann

Navigando sul fiume.

no a esserci molte indicazioni sui diversi alloggi) e poi si punta decisamente verso Linz. Presso la Gasthof Draxler c'è un servizio di informazioni ciclistiche.
Giunti al fiume si gira a sinistra e al km 0,5 si passa sotto il grande **ponte di Niederranna (GPS 05 : x 411.039; y 5.369.122)**.
È il primo ponte che troviamo dopo Passau: in effetti lungo tutto il percorso non saranno molti i ponti che attraversano il

Niederranna [2194,5 - sinistra]

Info di Hofkirchen, Markt 8, 4142 Hofkirchen, tel. 07285.7011, gemeindeamt@hofkirchen.at

Stallinger, tel. 07285.536, fax 07285.6360-20

Gasthof-Pension Draxler, Niederranna 3, tel. 07285.511, fax 07285.5115, gasthof.draxler@gmx.at; www.tiscover.com/draxler

Zimmer Knogler, Niederranna 31, tel. 07285.562

Zimmer Leitner, Niederranna 46, tel. 07285.519

Zimmer Ecker, Niederranna 60, tel. 07285.516

Zimmer Berger, Niederranna 7, tel. 07285.512

fiume e da questa considerazione si capisce l'importanza che da sempre hanno avuto – e che rivestono tuttora – i battellieri o traghettatori.

Dopo 1,9 km si attraversa un bel ponticello su un torrente e dopo altri 100 m si arriva a una deviazione a sinistra indicante una stradina che si inerpica fino al paese di **Marsbach** (con **castello**). Non ci lasciamo tentare dalla salita (ma quando mai!?) e procediamo dritti in direzione Freizell.

La ciclabile ci porta dolcemente a ridosso di una grande foresta (conifere e aceri), sempre all'interno di una zona protetta e assai interessante sia dal punto di vista della flora che della fauna.

Al km 3,7 ecco comparire **Freizell**, con un bel **campeggio** (Zeltplatz Ratzenböck, tel. 07285.226).

I cigni, facilmente osservabili in queste zone.

Spesso sfiorano le cime degli alberi alcuni grandi corvi neri, che creano un attraente contrasto con i maestosi cigni candidi che cominciano a solcare le acque del Danubio con la loro andatura regale e distaccata. Corvi e cigni rappresentano ai nostri occhi una metafora vivente (e volante) dei reali contrasti di questa terra, di questo fiume, della sua bellezza e dei suoi non pochi problemi (ad esempio l'inquinamento).

Il culto di San Floriano

San Floriano è uno dei santi maggiormente venerati in tutta la Mitteleuropa. Protettore da incendi e da inondazioni, ha avuto un'importanza centrale soprattutto nel periodo medievale e rinascimentale, epoca in cui le costruzioni erano quasi esclusivamente in legno. Non si contano cappelle, chiese e monasteri a lui dedicati e che espongono tavole dipinte, sculture lignee, tele, ori, miniature e vetrate che lo raffigurano. È pure frequentissimo vedere la sua immagine riprodotta sui muri delle case o su tavolette poste nei fienili e nelle stalle. Lungo il Danubio, enorme corso d'acqua soggetto a inondazioni, è stato oggetto di culto particolare perché pare che il santo fosse nativo di questa zona – era un soldato romano e viveva presso Krems – e perché a pochi chilometri dal fiume sorge il luogo dove fu martirizzato e dove è stata eretta la magnifica abbazia a lui dedicata (vedi pag. 75).

Freizell-Neuhaus 24,0 km

■ **Freizell→Au** [4,5 km] Lasciata Freizell la pista ora è totalmente esposta al sole, senza alberi che la separino dal fiume: l'occhio può esplorare orizzonti assai più ampi. Dopo 500 m ecco un'**area per picnic**. Alla nostra sinistra lasciamo una vera e propria foresta, in cui sono disseminate parecchie torrette in legno per l'avvistamento di animali, dove ci immaginiamo possa salire da un momento all'altro un gruppo di Giovani Marmotte. Qui la natura fa da padrona, e noi ciclisti attenti all'ambiente non possiamo che goderne. Infatti al km 1,3 è segnalata da appositi cartelli – sempre molto circostanziati durante tutto il tragitto – la presenza di un **biotopo**. Al km 1,8 il tratto scoperto s'interrompe improvvisamente e si rientra nella foresta, un vero e proprio tunnel vegetale. Qui il silenzio dei propri pensieri è interrotto solo dai rumori della natura, una natura selvaggia e in perenne movimento, dalle chiome degli alberi accarezzate dal vento ai molti uccelli e piccoli roditori che si spostano freneticamente.

Il Danubio nei pressi del tratto di Schlögen.

Siamo alle porte del famosissimo **tratto di Schlögen**, la cui foto aerea con obiettivo a occhio di pesce si trova in quasi tutte le guide e i depliant dell'Austria.
Improvvisamente il bosco si apre, a mo' di sipario, su un grande prato verde digradante sul Danubio e appaiono sull'altra sponda i tetti di un complesso alberghiero a Schlögen: è giunto il momento di abbandonare la sponda sinistra e recarsi in quella opposta, e per farlo bisogna imbarcarsi sull'apposito traghettino di legno (orari: aprile 10-17, maggio-giugno 9-19, luglio-agosto 8.30-19.30, settembre 9-18, ottobre 10-17, costo: 2 euro bici inclusa). Esiste anche un'alternativa, e cioè proseguire per altri 500 m, in località **Au**

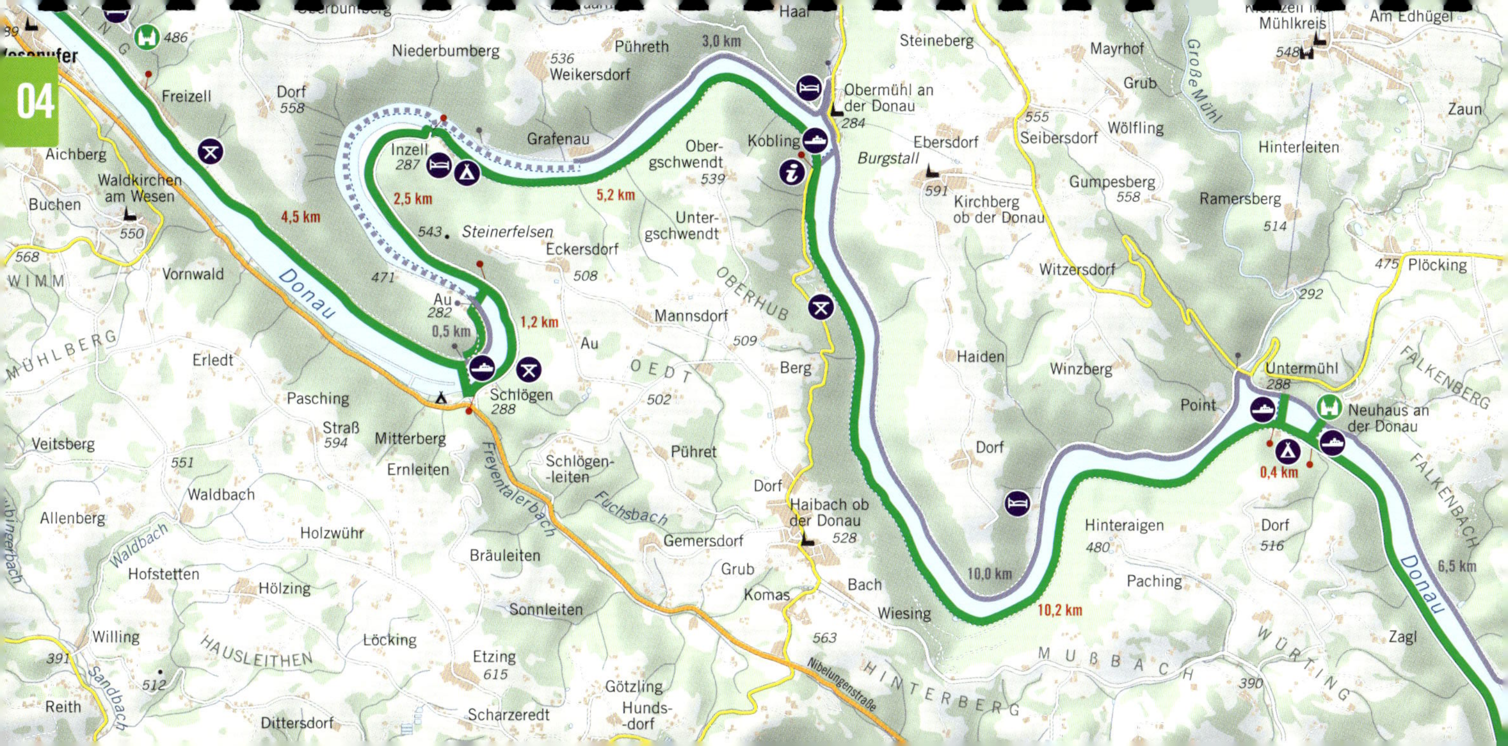
04
Donau
Freizell
486
Dorf
558
Niederbumberg
536
Weikersdorf
Pühreth
3,0 km
Haar
Steineberg
Mayrhof
Am Edhügel
Mühlkreis
548
Grub
Große Mühl
Zaun
Aichberg
Waldkirchen am Wesen
550
Buchen
568
WIMM
Vornwald
4,5 km
Inzell
287
2,5 km
Grafenau
Ober-gschwendt
539
5,2 km
Kobling
Obermühl an der Donau
284
Burgstall
Ebersdorf
591
Kirchberg ob der Donau
555
Seibersdorf
Wölfling
Gumpesberg
558
Hinterleiten
Ramersberg
514
543
Steinerfelsen
Eckersdorf
508
Unter-gschwendt
471
Au
282
0,5 km
1,2 km
Au
Mannsdorf
509
OBERHUB
Witzersdorf
475
Plöcking
292
MÜHLBERG
Erledt
Pasching
Schlögen
288
OEDT
502
Berg
Haiden
Winzberg
Untermühl
288
Point
Neuhaus an der Donau
FALKENBERG
Straß
594
Mitterberg
Ernleiten
Freyentalerbach
Schlögen-leiten
Pühret
Dorf
Dorf
Veitsberg
551
Waldbach
Allenberg
Waldbach
Holzwühr
Fuchsbach
Haibach ob der Donau
528
Gemersdorf
0,4 km
Hinteraigen
480
Dorf
516
FALKENBACH
Hofstetten
Hölzing
Bräuleiten
Grub
Komas
Bach
Wiesing
10,0 km
10,2 km
Paching
6,5 km
Sonnleiten
Willing
391
Sandbach
512
HAUSLEITHEN
Löcking
Etzing
615
563
Nibelungenstraße
HINTERBERG
MUßBACH
WÜRTING
Zagl
390
Reith
Dittersdorf
Scharzeredt
Götzling
Hunds-dorf

(**camping** e **zimmer**: Zur Fährfrau, tel. 07285.6317), per imbarcarsi su un altro traghettino che porta sempre sull'altra sponda, 1,1 km dopo Schlögen – che farebbe evitare il complesso alberghiero sito in quella località – e offre anche la possibilità di una vera e propria minicrociera di 4 km fino a **Grafenau**, sulla sponda sinistra, da dove poi proseguire, però sul lato opposto a quello da noi vivamente consigliato. All'approdo di Schlögen ci troviamo al km 4,5.

Schlögen: traghetto.

Schlögen [2187 - destra]

Tourismusverband Haibach-Schlögen, Haibach 40, 4083 Haibach, tel. 07279.8235, haibach@oberoesterreich.at; www.tiscover.com/haibach

orari: aprile 10-17, maggio-giugno 9-19, luglio-agosto 8.30-19.30, settembre 9-18, ottobre 10-17, costo: 2 euro bici inclusa

Hotel Donausclinge, Schlögen 2, tel. 07279.8212, n.gugler@donausclinge.at

Schlögen → Inzell [3,7 km] Una volta sbarcati sulla sponda destra del Danubio si gira immediatamente a sinistra e si trova subito la pista che costeggia il fiume. La zona – una delle più famose e pittoresche dell'intero corso del fiume – è costellata dalla presenza di isolate **panchine** romantiche e panoramiche. Se siete insieme alla vostra dolce metà, sentirete probabilmente l'insopprimibile esigenza di fare una breve sosta. Si lascia alle spalle la prima grande curva, morbida spira di un biscione acquatico che si contorce su se stesso. Il verde intenso dei boschi si riflette sull'azzurro del fiume costretto in questa strettoia naturale, nella morsa delle montagne: si percepisce in questo luogo solitario la straordinaria potenza della natura, la forza dell'acqua che si è scavata un pertugio nel granito scalfendolo e creandosi un alveo – per quanto contorto – assai armonioso. Alzando la testa, in cima a sinistra, si scorgono le rovine del **castello di Haichenbach**, preannunciate dalla grande torre. Natura solitaria, aspra, selvaggia con rovine: per un attimo si corre il rischio di sprofondare in un piacevole *spleen* da romanticismo decadente.

Costruzione nel castello di Haichenbach

Al km 1,1 ecco apparire l'approdo dell'altro traghetto, quello che fa spola dalla località di Au. Al km 2,2 la pista abbandona momentaneamente il Danubio, lasciandolo a circa 300 m e si prosegue tenendo dei campi coltivati sulla sinistra, con qualche piccolo dosso che movimenta piacevolmente il percorso. Dopo aver oltrepassato una piccola **cappella** dedicata a **S. Severino**, al km 3,7 si arriva al paese di **Inzell**, che ha un grande **campeggio**.

■ **Inzell → Kobling** [5,2 km] Al centro del paesino si imbocca una curva a sinistra, 150 m di discesa, poi una curva a destra ed ecco finalmente riapparire il Danubio. Torniamo a essere immersi nella natura, il fondo stradale è ottimo e ci lascia facilmente rapire dai pensieri e dalle sensazioni.

Il Danubio è ormai un fiume pienamente maturo, dato che ci troviamo a oltre 600 km dalla sorgente.

In viaggi precedenti l'abbiamo visto nascere, svilupparsi, trasformarsi da fiume-bambino a corso d'acqua maturo, l'abbiamo visto diventare maggiorenne e meno giocherellone, ma in questa zona è come se regredisse, tornasse all'infanzia, volesse continuare a giocare con questi avvitamenti su se stesso che rendono certamente la navigazione più complicata

Inzell [2183 - destra]

Tourismusverband Haibach-Schlögen, Haibach 40, 4083 Haibach, tel. 07279.8235, haibach@oberoesterreich.at; www.tiscover.com/haibach

Camping Steindl, Inzell 6, tel. 07279.8328, wirt@gasthof-steindl.at

Gasthof Steindl, Inzell 6, tel. 07279.8328, wirt@gasthof-steindl.at

Gasthof Reisingen, Inzell 13, tel. 07279.8581

Zimmer Maria Pointner, Inzell 10, tel. 07279.8297

Zimmer Franz Reisinger, Inzell 9, tel. 07279.8581

ma che costituiscono un colpo d'occhio veramente eccezionale.

Al km 2,8 da Inzell troviamo un paio di curve un po' strette, siamo a ridosso della montagna, incombe su di noi una vera foresta e ogni tanto appare tra il folto dei rami la roccia viva. Sulla sponda opposta – a **Grafenau** – è riapparsa la ciclabile sul lato sinistro, raggiungibile solo via traghetto da Au.

Ora tra il fiume e la montagna incombente resta solo lo spazio per la pista. In questo contesto ambientale, assolutamente favorevole, si continua a seguire il fiume finché non si giunge al villaggio di **Kobling**, posto al km 5,2 da Inzell, dove c'è il traghetto per **Obermühl** (orari: aprile e ottobre 8-17, maggio e settembre 8-18, giugno, luglio e agosto 8-19).

Kobling [2178 - destra]

Tourismusverband Haibach-Schlögen, Haibach 40, 4083 Haibach, tel. 07279.8235, haibach@oberoesterreich.at; www.tiscover.com/haibach

orari: aprile e ottobre 8-17, maggio e settembre 8-18, giugno, luglio e agosto 8-19

Zimmer Annemarie Rathmayr, Kobling 1, tel. 0664.3408926

Caratteristico traghetto.

Kobling → traghetto per Untermühl

[10,6 km] Dopo 700 m dall'ingresso in Kobling si abbandona la strada che abbiamo dovuto percorrere nell'attraversamento del paesino, non si affronta – per fortuna – la salita improvvisamente apparsa, e si devia a sinistra riprendendo la pista solitaria lungo l'accogliente riva.

Al km 2,3 si trova un'**area per picnic**. Questa continua a essere una zona pochissimo antropizzata: da quando abbiamo traghettato a Schlögen abbiamo incontrato rarissime abitazioni, un paio di *gasthof* e poco di più.

Al km 8,8, alla nostra sinistra appaiono zone paludose, lagunari, in cui si acquattano germani reali, numerose famiglie di cigni e altri uccelli. La colonna sonora del viaggio è un continuo cinguettio. Al km 10,2 giungiamo in corrispondenza, sulla

Un germano reale, molto comune in queste zone.

riva opposta, del paesino di **Untermühl**, avvolto da un'altra spettacolare ansa: si staglia evidente un ponte che attraversa un affluente del Danubio e poco più a est ecco la mole del possente **castello di Neuhaus**. Al km 10,6 si giunge alla Gasthaus Kaiserhof, dotata di grande **campeggio** con roulotte, barche ormeggiate, aria distesa e invitante. Subito dopo ecco il **traghetto** per Untermühl (orari: maggio e giugno 9-19, luglio, agosto e settembre 9-20).

I meandri di Schlögen

Curve mozzafiato di 180 gradi segnano il paesaggio, che è certamente uno dei più pittoreschi dei 2850 km che il fiume percorre dalla Germania alla Romania, dalla Foresta Nera al Mar Nero, accomunato per paradosso alla sorgente e alla foce da un colore, il nero, che non gli è per niente congeniale né di fatto gli appartiene.

Il tratto di fiume che va da Schlögen ad Aschach è certamente indimenticabile, poiché scorre in una valle molto stretta con i ripidi e verdi pendii dei monti che scendono a precipizio sulle rive, in una natura assai poco contaminata in cui la mano dell'uomo non ha lasciato troppo il segno. In questo breve tratto del suo lunghissimo percorso il fiume ha dovuto, con evidente difficoltà, scavarsi il letto tra i duri blocchi di granito boemo, che lo hanno obbligato ad effettuare alcune complesse circonvoluzioni.

Una volta era una delle zone più pericolose per la navigazione, questo prima che le molte dighe, centrali elettriche e chiuse varie rendessero assai più docile e arrendevole la corrente del fiume. Ora, invece, la crociera in queste zone è spettacolare e consigliata. Comunque, godetevi tutto questo tratto perché ne vale proprio la pena!

I meandri di Schlögen.

Neuhaus-Aschach-Brand. 11 km

■ **Neuhaus (traghetto) → Aschach** [7,7 km] Si continua tranquillamente lungo il Danubio finché non appare l'imponente **centrale di Aschach** – già preannunciata dai grandi cartelli per la circolazione fluviale che avvisano i natanti – e allora la pista devia verso destra (al km 4,2). Ora la sede è molto ampia e spaziosa: in corrispondenza della diga siamo al km 5,1 **(GPS ⓪⑥: x 427.304; y 5.359.432)**. Diversamente dal solito, la centrale non concede la possibilità al ciclista di raggiungere la sponda opposta, ma a questo rimedia il prossimo ponte – ad Aschach – che dista solo 2 km.

Siamo già in prossimità del paese e al km 5,8 infatti appare il cartello che segnala l'inizio di **Aschach**. Poco dopo sulla sinistra si incontra un accogliente **ufficio informazioni** per ciclisti, ottimo per prenotare da dormire e per qualsiasi altra necessità del viaggiatore su due ruote. A

Il Danubio nei pressi di Aschach.

fianco si erge un grande capannone che è un negozio di biciclette, con annessa officina. Può essere utile per una veloce stretta a qualche vite o una rapida messa a punto: girando con i bagagli e col portapacchi c'è quasi sempre qualcosa che si allenta e che ha bisogno di essere registrato, magari mentre qualcuno del gruppo cerca l'alloggio per la notte all'ufficio informazioni.

Al km 6,6 si segue una deviazione a sinistra e si riguadagna la riva del fiume – da poco abbandonata – costeggiando il centro storico del paese pigramente steso sul fiume, una caratteristica fila allungata di case barocche.

Al km 7,2 si passa davanti al molo cittadino dove attraccano le imbarcazioni e poi – al km 7,7 – si arriva sotto il grande **ponte (GPS ⓪⑦: x 427.702; y 5.357.117)**,

Untermühl
288
Neuhaus an der Donau
0,4 km
FALKENBERG
FALKENBACH
Grub
Adsdorf
ERDSMANNDORF
St. Martin im Mühlkreis
549
558
ALLERSDORF
Zeißendorf
Pesenbach
Kobling
531
Dreißenbach
Mahring
Windischberg
Dorf
516
Donau
6,5 km
Bimberg
Reith
Oberhart
Anzing
527
465
WÜRTING
Zagl
5,1 km
Gaisberg
Gerling
UNTERHART
Reith
Schönleiten
379
Kraftwerk Aschach
Lacken
06
Kerzenstein
Sommerberg
356
Tiefenbach
288
Vorholz
Kellnering
Haizing
Pesenbach
OBERWALLSEE
521
2,6 km
2,8 km
Aschach an der Donau
268
UNTERHART
Bad Mühlacken
07
275
Oberlandshaag
Hartkirchen
273
Oberndorf
Bergheim
275
Unterlandshaag
Rosenleit
Deinham
3,3 km
271
Karling
Feldkirchen an der Donau
268
267
Pesenbach
Aschach
6,2 km
Mühldorf
Brandstätter See
Hofham
Audorf
Pupping
271
Brandstatt
WEIDET
Pesenbach
Gstöttenau
Donau
Badeseen
Au bei hohen Steg
Seebach
10,6 km
8,1 km
Unterleiten
275
Waschpoint
Aschach
Puchet
Hinzenbach
Wörth
263
Unterschaden
Sportlig
Eferding
271
Oberschaden
Unterrudling
Wagrein
Taubenbrunn
Trattwörth
Innbach
Polsenz
Güttfeld
Aham
Ober-hillinglah
Innbach
Raffelding
268
Unterhillinglah
Straß
05

il secondo che si incontra sul Danubio provenendo da Passau. 200 m prima c'è un bivio: chi vuole attraversare il fiume e recarsi sulla sponda sinistra verso Linz via Ottensheim deve girare a destra, fare una circonvallazione e superare il ponte. Noi, invece, consigliamo vivamente di continuare sulla riva destra.

Panorama su Ottensheim.

Aschach an der Donau [2160 - destra]

Tourisverband, Abelstrasse 44, tel. 07273.635513, gemeinde@aschach.at; www.aschach.at

Informazioni pista ciclabile tel. 07273.7000

Kary, Landshaag 75, tel. 07273.7407, fax 07273.6567

Camping Kaiserau, fam. Knogler, Kaiserau 1, tel. 07273.6221

Aschacher Hof, Ritzbergerstrasse 7, tel. 07273.6360, ascacherhof@aschach.at

Gasthof Zur Sonne, Kurzwernplatz 5, tel. 07273.6308, gasthof.sonne@aschach.at

Zum Goldenen Hirschen, Reitingerstrasse 13, tel. 07273.6247, gold.h.u.a.hof@aon.at

Frühstückpension Köpplmayr, Stiftstrasse 1, tel. 07273.6349

Zimmer Poldi Rammelmüller, Siernestrasse 72, tel. 07273.8982

Da vedere

Il **centro storico** con pittoresche case dalle facciate adorne di stucchi.

Il **castello Harrach**, all'estremità meridionale del paese, costruito nel XVII secolo.

Il **castello di Faust**, ora trasformato in albergo (faustschloessl@netway.at; www.faustschloessl.at), dove la leggenda vuole abbia abitato il dottor Faust. Il ciclista in cerca di emozioni forti può permettersi il lusso di prenotare la suite Dr. Faust-Mephisto.

Centro storico di Aschach.

■ **Aschach → Brandstatt** [3,3 km] Lasciato alle spalle il ponte e la bella cittadina – dove il turista doppiamente nostalgico della propria casa e del cibo italiano può trovare conforto presso la pizzeria La Mamma – la pista continua per altri 250 m a correre a fianco della strada statale e poi lentamente se ne allontana. Diventa una sottile striscia di asfalto mollemente adagiata su un morbido prato, anche se la strada, sufficientemente trafficata, fa sentire la sua presenza a soli 50 m di distanza. Al km 2 si comincia a costeggiare un meandro del fiume che si insinua tra la pista e la strada, letteralmente pullulante di cigni: se ne possono contare parecchie decine, una visione abbastanza inconsueta, almeno per noi "cittadini". È una colonia veramente imponente e suggestiva: i maestosi uccelli rigano con movenze vellutate la superficie dell'acqua increspandola appena. Ci troviamo in un tratto molto affascinante e interessante dal punto di vista naturalistico.

© OÖ Tourismus/Weissenbrunner

Lungo la pista nei pressi di Aschach.

Ora si percepisce che il fiume è ancora cambiato, è diventato più maestoso, solenne, ampio, pacioso, sembra essersi imborghesito. È certamente più importante, pigro, sembra un mare, anzi un lago, è come se avesse perso quella forza che gli abbiamo riconosciuto qualche chilometro a monte. È largo 400-500 m, è praticamente privo di argine, si prende lo spazio, lo conquista, sembra strapparlo ai bassi terreni che lambisce con delicatezza ma decisione.

Effettivamente, subito dopo Aschach il panorama è cambiato, non ci sono più le colline che a lungo hanno fatto da corona al Fiume Blu e lo hanno spronato e vivacizzato increspando l'orizzonte e movimentandone i contorni. È una sensazione, una percezione che monta improvvisamente: ora ci troviamo nella piatta pianura.

Al km 3,3, all'altezza della Gasthof Dieplingen, breve deviazione per la presenza di una darsena con imbarcazioni turistiche, qualche ristorantino di pesce, e poi si rientra subito lungo l'argine. A destra invece ci si reca al villaggio di **Brandstatt**.

Brandstatt-Linz — 23,3 km

■ **Brandstatt → Wilhering** [13,8 km] La pista ciclabile continua sempre dritta in direzione di Wilhering incastonata nella natura incontaminata e selvaggia: non si vede alcuna traccia dell'uomo, non una casa, una ciminiera.
Al km 1,1 da Brandstatt si oltrepassa una sbarra che impedisce l'accesso agli automezzi e tutela di conseguenza i ciclisti.
Ora si circola rialzati su un argine e sotto di noi scorre il fiume Aschach. Questa privilegiata posizione di osservazione ci consente di godere maggiormente del panorama, gettando lo sguardo ancora più lontano: ci troviamo in uno dei tratti decisamente più esaltanti dal punto di vista naturalistico. Assieme a noi volano uccelli di tutte le specie, che spesso ci accompagnano nel nostro procedere lungo alcuni lunghi rettilinei perfettamente asfaltati e sempre sopraelevati. Nel concerto di sottofondo che accompagna il nostro ritmo regolare ogni tanto si distinguono dei solisti, ed ecco quindi i trilli degli usignoli, il sordo verso del picchio e quello cadenzato del cuculo. Si avvistano con facilità anche il fagiano, il germano reale e il martin pescatore.
Al km 3,1 troviamo un'**area per picnic** dove è veramente consigliabile concedersi una sosta e consumare il pranzo in questo piccolo zoo all'aperto. Proseguendo cominciano a spuntare lungo il nastro d'asfalto i grandi cartelli che segnalano ai navigatori la presenza di una enorme centrale idroelettrica ed effettivamente – dopo qualche chilometro – eccola emergere dalle acque, gigantesca e invasiva.
Al km 10,2, 400 m prima della **diga di Ottensheim-Wilhering**, la pista abbandona la riva, piega decisa a destra, poi ancora a destra, curva leggermente e si arriva infine (al km 10,6) in corrispondenza della diga **(GPS ⑧ : x 437.222; y 5.351.630)**. Ci si trova a un bivio: andando dritti si arri-

Martin pescatore: qui non è difficile avvistarne.

06
LINZ
URFAHR
POSTLINGBERG
BACHLBERG
Petrinum
288
539
568
549
PÜRNBERG
UNTERPUCHENAU
OBERPUCHENAU
Gattereder
435
Puchenau
265
4,0 km
4,2 km
1,3 km
3,2 km
4,0 km
1,0 km
8,0 km
10,6 km
Donau
Niederottensheim
Ottensheim
270
256
Ufer
Höf
270
Wilhering
264
Fall
Kraftwerk Ottensheim-Wilhering
266
258
09
08
10
Rodl
Pösting
261
Au
Goldwörth
262
Purwörth
Hagenau
Pesenbach
Badeseen
Pfeiffersiedlung
262
Sportliga
Brandstatt
Aschach
Innbach
GSTOCKET
Ofenwasser
Bergham
Aham
Straß
268
Hochfeld-siedlung
Alkoven
267
Weidach
Hartheim
Ober-hartheim
Annaberg
327
Straßham
286
Thalham
Langsiedlung
Schönering
269
Edramsberg
321
Winkeln
339
Katzing
Reith
346
Thürnau
Appersberg
Hitzing
MÜHLBACH
Mühlbach
KÜRNBERGER WALD
439
475
526
Kürnbergburg
314
Dörnbach
363
Rufling
Bergham
Enzenwinkl
Leonding
289
Alharting
345
Aichberg
336
Berg
Holzheim
Friesenegg
Zaubertal
MARGARETHEN
405
FREINBERG
375
Buchberg
FROSCHBERG
Stadion
Gaumberg
320
Imberg

va a Wilhering e poi ci si imbarca sul traghetto per Ottensheim e quindi si arriva a Linz in 13 km, altrimenti si va a sinistra, si attraversa la diga, si passa subito sulla sponda sinistra, si attraversa Ottensheim e da lì, con lo stesso percorso, si arriva a Linz (questa variante prevede 2 km in più). Noi consigliamo decisamente di continuare dritti e tenersi ancora per un po' sulla sponda destra, anche per vivere l'emozione del ferry-boat Wilhering-Ottensheim.

Subito dopo la deviazione c'è un invitante **posto di ristoro** con cucina, dove si serve pesce fritto su dei tavoloni all'aperto. Al km 11,2 si oltrepassa un ponte sul fiume Innbach, poi si gira a sinistra (**campeggio** Brundl, tel. 07226.2186) e si segue per qualche centinaio di metri questo fiumiciattolo che attraversa un paesaggio veramente incantevole. Al km 12,1 ecco riapparire il Danubio e lungo questo tratto del fiume si può godere di una specie di **museo naturalistico all'aperto**, un centinaio di cartelloni con immagini a colori che descrivono la fauna locale (uccelli e soprattutto i pesci). Bella la passeggiata, buona l'idea, anche se la segnaletica è orientata per (i pochi) che effettuano il tragitto in direzione opposta ed è rigorosamente solo in tedesco. Ma questo, purtroppo, non è una novità in un Paese in cui la lingua inglese non è poi così diffusa. E noi che pensiamo male dell'Italia...

Quindi la pista abbandona il fiume, curva a sinistra, si oltrepassa un ponte, altra curva a sinistra e al km 13,8 si arriva all'**imbarcadero di Wilhering** per imbarcarsi sul ferry-boat per Ottensheim (orari: 6.30-19.30, dom e festivi 8-19.30; prezzi: 2,40 bici, 1,50 bambini, 6 euro a famiglia) **(GPS (09) : x 439.115; y 5.353.193)**.

È un ferry-boat molto particolare, l'unico traghetto da noi utilizzato che trasporti anche automobili, ma soprattutto è caratterizzato dal fatto che non va a motore e utilizza la corrente per spostarsi: assolutamente ecologico e rispettoso dell'ambiente. Si chiama "traghetto a pendolo": è legato a una fune sospesa e tutte le manovre si eseguono grazie a un sapiente uso dei timoni.

Uno dei numerosi cartelli su flora e fauna... in lingua tedesca.

Wilhering [2142 - destra]

Municipio, Linzer Strasse 14, tel. 07226.2255, fax 07226.3095, www.wilhering.at

orari: 6.30-19.30, dom e festivi 8-19.30

Camping Brundl, Fallestrasse 28, tel. 07226.2186

Gasthof Zur Alm, Linzerstrasse 32, tel. 07226.2212

Gasthof Zur Post, Höferstrasse 5, tel. 07226.2214

Da vedere

L'imponente **monastero**, fondato nel XIII secolo e trasformato in stile rococò nella seconda metà del XVIII.
La chiesa dell'**abbazia Maria Himmerfahrt**, altro esempio del rococò austriaco, con un ricchissimo interno.

■ **Ottensheim →Linz** [9,5 km] Scesi dal traghetto si segue il fiume, poi ai 350 m si costeggia un campetto da calcio e quindi si abbandona momentaneamente il Danubio. Ai 600 m curva secca a sinistra, poi altra curva secca a destra, quindi altra curva secca a sinistra con attraversamento di un ponticello in legno, poi ancora subito a destra e agli 800 m ci si immette sulla statale. Si pedala separati dalla carreggiata e sul lato destro della strada. Quindi – al km 1,2 – curva secca a sinistra, sottopassaggio della strada, poi si attraversa la ferrovia, curva a destra e si riprende la pista; dopo 100 m si ripassa nuovamente sotto la statale e la si lascia alla propria destra.
Al km 1,9 – alla fine di una discesa – **incrocio pericoloso** (!) con una strada laterale e ora si viaggia definitivamente lungo la statale sul suo lato sinistro, in direzione opposta a quella delle macchine: la sensazione è abbastanza inquietante, poiché si vedono i fanali puntare contro i ciclisti. È comunque una ciclabile, ben separata dalla carreggiata, ma la strada è molto trafficata ed effettivamente la sensazione non è tra le più rilassanti. A fianco della strada, ancora più a destra, corre la ferrovia. Ai km 2,7 e 3,1 due **incroci pericolosi** (!) con strada secondaria ma abbastanza trafficata.
Da qualche chilometro la valle del Danu-

Ottensheim.

Ottensheim [2144 - sinistra]

Tourismusverband Ottensheim, Donaulände 4, tel. 07234.83622 ottensheim@oberoesterreich.at; www.oberoesterreich.at/ottensheim

Fam. Strumptner, Linzer Strasse 13, tel. 07234.82238

Tel. 07234.85174; orari: 6.30-19.30, dom e festivi 8-19.30

Camping Hofmühle, Höflein 20, tel. 07234.82418

Hotel Schwarzer Adler, Marktplatz 19, tel. 07234.82224, fax 07234.82224-4, schwarzeradlero-heim@aon.at; www.oberoesterreich.at/schwarzer.adler.ottensheim

Landgasthof Rodlhof Gasthof, Rodl 11, tel. 07234.83790, fax 07234.837904, zimmerreservierung@rodlhof.at; http://www.oberoesterreich.at/rodlhof

Zimmer Brandstätter, Ludlgasse 5, tel. 07234.83816

Zimmer Margarete Ruttmann, Hambergerstrasse 15, tel. 07234.82066

Zimmer Irma Schwendtner, Linzerstrasse 34, tel. 07234.83115

Da vedere

Il caratteristico **centro storico** dalle case colorate e con stucchi.

Il massiccio **castello medievale**.

La **chiesa parrocchiale**.

A passeggio per le vie di Ottensheim.

bio è tornata a essere più mossa, con qualche timida collina che fa capolino: l'orizzonte non è più da encefalogramma piatto come nelle vicinanze di Aschach e questo al ciclista piace.

Il percorso effettivamente è poco esaltante, non tanto in assoluto ma soprattutto alla luce di quanto il Danubio ci aveva offerto nei precedenti splendidi chilometri: il panorama a poco a poco si trasforma fino a farsi nettamente industriale.

Al km 5,5 appare il cartello di **Puchenau**, mentre 200 m dopo c'è un **attraversamento** con semaforo per ciclisti su una strada trafficata a sinistra. Tutto ben segnalato.

Al km 6,2, in corrispondenza del benzinaio Shell, altro **attraversamento** con semaforo.

La strada diventa addirittura a quattro corsie e il traffico aumenta proporzionalmente. Finalmente questo tratto poco stimolante finisce: al km 8,6 si incontra un sottopassaggio, discesa abbastanza ripida e stretta, quindi si passa sotto la statale, rapida curva a gomito sulla sinistra ed ecco tornare la pista ciclabile lungo il Danubio. In corrispondenza dell'arrivo sul fiume c'è una bella **area per picnic**. Comincia a vedersi la città di **Linz**. Ci teniamo ovviamente sul lato sinistro del fiume e a 1 km circa si trova il centro storico

Il centro di Linz.

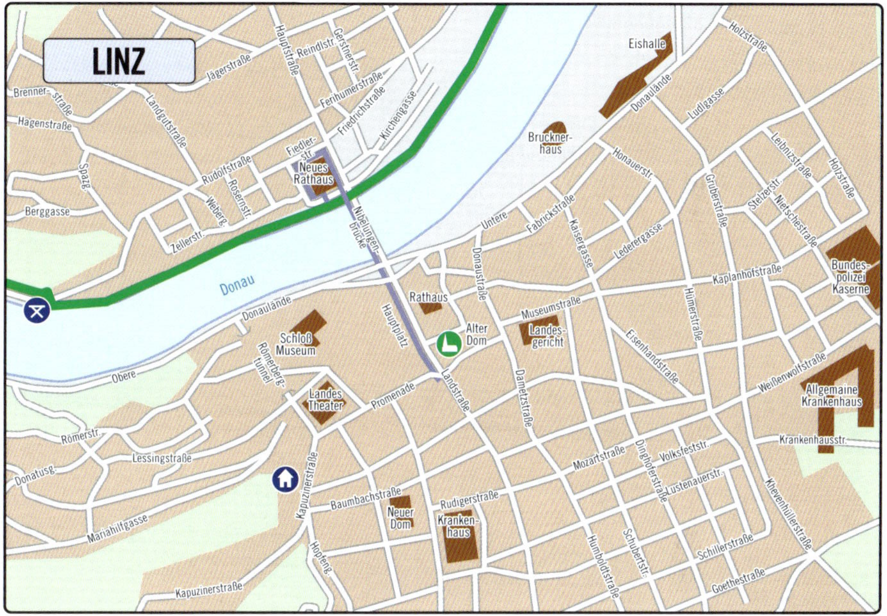

della città, sul lato destro del Danubio, fiume che attraverseremo grazie al primo grande ponte, **Nibelungenbrücke**, che si incontra al km 9,5 **(GPS ⑩ : x 447.012; y 5.351.089)**. Proseguendo si evita il centro di Linz; ovviamente è consigliata caldamente una visita alla bella capitale dell'Alta Austria e, quindi, prima del ponte si gira a sinistra, si percorre una breve rotatoria che manda a sinistra e poi a destra per salire all'imbocco del ponte. Chi volesse evitare questa breve deviazione può fare un paio di rampe di scale che danno accesso al ponte ma non hanno scivoli per bici: la "scalata" quindi è molto impegnativa a bici cariche. Meglio 500 m di strada in più. Al km 10 si arriva all'imbocco del grande Nibelungenbrücke, che sfocia nella piazza principale della città, la movimentata **Hauptplatz**.

Linz [2135 - destra]

Tourist Information, Hauptplatz 1, tel. 0732.7070-1777, tourist.info@linz.at; www.linz.at

Tourismusverband, Urfahrmarkt 1, tel. 0732.7070-2921

Sport Hrinckow, Rudolfstrasse 37, tel. 0732.739047

Horst Brückl, Herrenstrasse 54, tel. 0732.777276

Erich Hackl, Leonfeldnerstrasse 2, tel. 0732.700131

Campingplatz Pichlinger See, Wiener Bunderstrasse 937, tel. 0732.305314

Camping Am Pleschinger See, presso Restaurant Kolmer, tel. 0732.247870

Jugendgästehaus, Stanglhofweg 3, tel. 0732.664434, jgh.linz@oejhv.or.at

Landesjugendherberge 2000, Blütenstrasse 23, tel. 0732.737078, ljh-linz.post@ooe.gv.at

Jutel Linz, Kapuzinerstrasse, tel. 0732.778777

Hotel Wolfinger, Hauptplatz 19, tel. 0732.7732910

Hotel Goldener Adler, Hauptstrasse 56, tel. 0732.731147

Hotel Haselgraben Stuben, Leonfeldnerstrasse 322, tel. 0732.254148

Hotel Landgraf, Hauptstrasse 12, tel. 0732.700711

Hotel Nöserlgut, Landwiedstrasse 69, tel. 0732.683326

Gasthof Goldenes Dachl, Hafnerstrasse 27, tel. 0732.775897

St. Magdalena Seminarhotel, Schatzweg 177, tel. 0732.2530410, office@bz-magdalena.at; www.bz-magdalena.at

Linz, tra storia, cultura e industria

«Ora Linz, la città tranquilla che in tante poesiole fa rima con "Provinz", provincia, è la capitale industriale dell'Austria, ha un discreto tasso di malattie nervose tra i giovani e, secondo un'inchiesta di pochi anni fa, abitanti particolarmente diffidenti nei confronti della giustizia del loro paese».
C. Magris, *Danubio*, p. 147.

In Linz convivono perfettamente tre anime: la cultura, il commercio (porto fluviale) e l'industria. Vi imbatterete in un centro storico ricco e affascinante come pure in una zona industriale attivissima (e, ahimè, molto meno affascinante) con acciaierie, industrie chimiche e siderurgiche. Se non altro il primo aspetto la rende meritevole di una visita accurata, concentrata soprattutto alla sponda destra del fiume, quella in cui si sviluppa il nucleo antico, che trova la sua espressione massima nella barocca **Hauptplatz** – in cui campeggia la colossale **Dreifaltigkeitssaule**, colonna della Trinità – e su cui si affacciano importanti case settecentesche e palazzi, ad esempio il **Municipio vecchio** con il suo museo sulla storia della città (la Lentia romana).
A pochi metri dalla piazza si trova il **Landhaus**, attuale sede del governo regionale, e la sua **Fontana dei Pianeti**, in onore di Keplero; sempre nei pressi si trova l'imponente **Alter Dom** (vecchio Duomo) e – sopraelevato – il massiccio **castello**, residenza personale dell'imperatore Federico III, ora sede di importanti collezioni. Da non perdere la vicina **Martinskirche**, la chiesa più antica d'Austria conservata in stato originale (VIII secolo). Il principale asse stradale e arteria commerciale è la **Landstrasse**, zona pedonale affollata e movimentata, su cui si affacciano belle case e chiese barocche, assieme a edifici nuovissimi.
Se letterati come Goethe e Rilke, scienziati come Keplero o musicisti come Bruckner, Schubert, Mozart e Beethoven scoprirono in Linz l'ideale rifugio dove trovare ispirazione per i propri lavori, voi rimarrete colpiti da una città ospitale e affascinante da conoscere e gustare (almeno quanto la specialità locale, l'apprezzatissima e famosa *Linzertorte*, creata agli inizi del XIX secolo, a base di marmellata e mandorle).

Lungo le vie di Linz.

Linz-Steyregg 9,8 km

■ **Linz → Steyregg** [9,8 km] Stiamo partendo dalla Hauptplatz, la più bella piazza di Linz, che ospita dal lunedì al venerdì un pittoresco e frequentatissimo mercato con banchi di frutta, verdura, miele, formaggi e salsicce. Per tornare sulla ciclabile bisogna ripercorrere il Nibelungenbrücke – lungo oltre 200 m – e proprio sotto il ponte si riprende il viaggio in direzione Vienna: da qui calcoliamo il chilometraggio.

La pista procede sempre sul lato sinistro del fiume e si distende mollemente lungo un ampio parco stile campus universitario americano, lasciando il centro storico di Linz sul lato destro.

Ai 350 m si trova, sulla sinistra, un grande **ufficio informazioni** della città di Linz (Urfahrmarkt 1, tel. 0732.7070-2921), ideale soprattutto per chi giunge dalla direzione opposta, cioè da Vienna.

In lontananza si stagliano due ponti: in corrispondenza del km 1,1 si passa sotto al primo **(GPS ⑪ : x 447.484; y 5.351.781)**. Una traccia ciclabile continua lungo il fiume, mentre la pista con le indicazioni di **R1**, la nostra Donauradweg, piega a sinistra e poi a destra correndo parallela, a una cinquantina di metri dall'altra, che effettivamente dopo qualche centinaio di metri si interrompe:

Notturno a Linz.

si è quindi costretti a confluire sulla pista ciclabile. Comunque seguendo sempre i cartelli non si può assolutamente sbagliare.

Sotto il secondo ponte, a 300 m di distanza dal primo, c'è quasi sempre un gruppo di anziani che gioca allo *Stockschiessen*, tipico gioco austriaco di "bocce" simile al curling (grandi dischi con un un'impugnatura a bastone), praticato però non sul ghiaccio ma sull'asfalto: è ab-

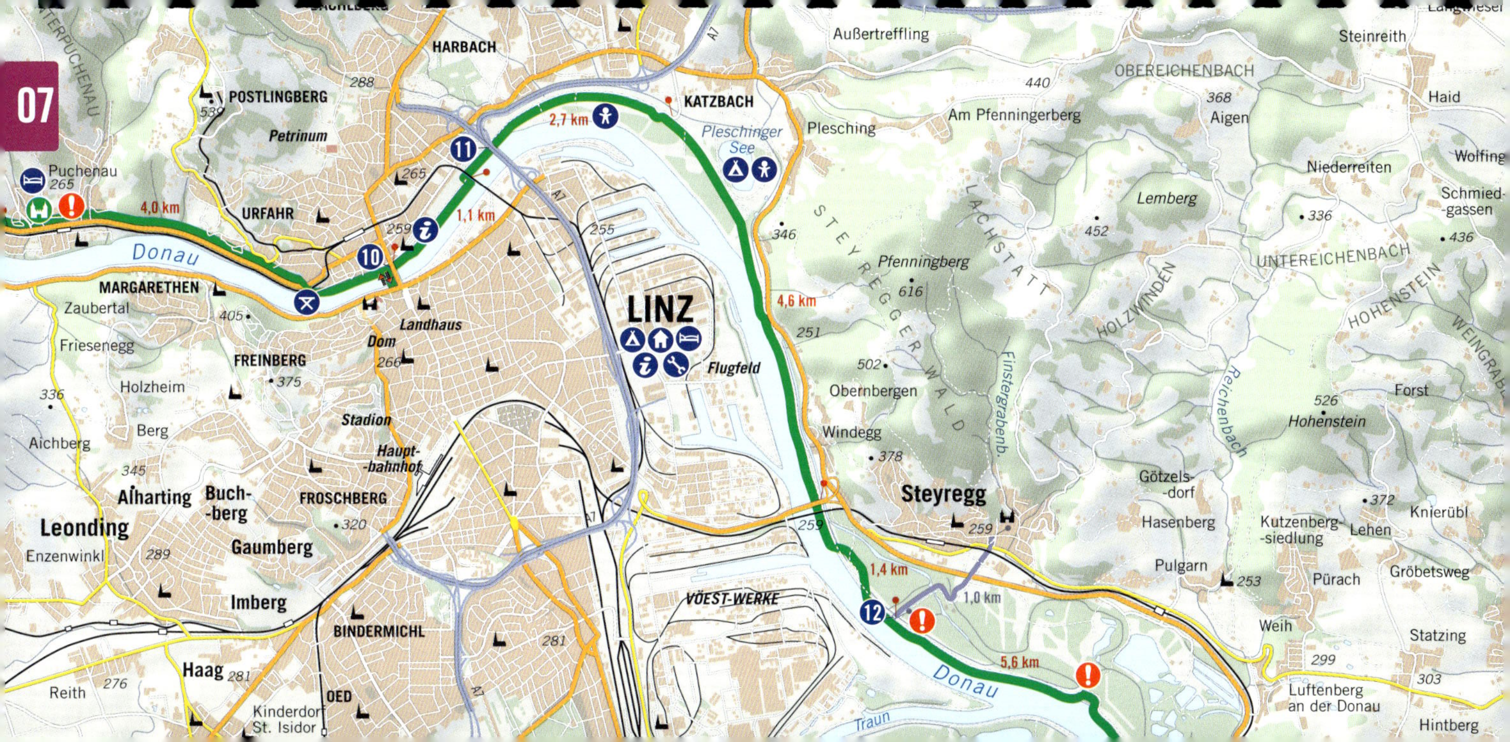
07
Puchenau
265
4,0 km
Donau
POSTLINGBERG
Petrinum
URFAHR
MARGARETHEN
Zaubertal
Friesenegg
Holzheim
Aichberg
Berg
Leonding
Enzenwinkl
Alharting
Buch-
-berg
Gaumberg
Imberg
Haag
Reith
Kinderdorf
St. Isidor
OED
BINDERMICHL
FROSCHBERG
Stadion
Haupt-
-bahnhof
Dom
Landhaus
FREINBERG
HARBACH
1,1 km
2,7 km
KATZBACH
Pleschinger
See
LINZ
Flugfeld
VÖEST-WERKE
Plesching
Außertreffling
Am Pfenningerberg
Pfenningberg
616
4,6 km
STEYREGGER WALD
LACHSTATT
Obernbergen
Windegg
Steyregg
Finstergrabenb.
1,4 km
1,0 km
5,6 km
Traun
Götzels-
-dorf
Hasenberg
Pulgarn
Lemberg
HOLZWINDEN
Reichenbach
OBEREICHENBACH
Aigen
Niederreiten
UNTEREICHENBACH
HOHENSTEIN
Hohenstein
Forst
Steinreith
Haid
Wolfing
Schmied-
-gassen
Kutzenberg-
-siedlung
Lehen
Knierübl
Pürach
Gröbetsweg
Weih
Statzing
Luftenberg
an der Donau
Hintberg

bastanza consueto utilizzare come campo da gioco i grandi spazi sotto i ponti stradali, e anche sotto le grandi rotatorie nella periferia di Vienna capita di assistere a tali partite. Fermatevi a dare un'occhiata: è un'esperienza simpatica.
Ora la pista scorre dolcemente lungo questo enorme parco verde, popolato da numerosi ciclisti, da persone che praticano il footing, da anziani che passeggiano e portano a spasso il cane: è il polmone

Partita di *Stockschiessen*.

verde di Linz, estremamente necessario per una città ad altissima industrializzazione.
Si corre tenendo alla propria sinistra un alto e verde argine. Lentamente la pista si distacca dal fiume, la cui presenza si intuisce perché segnalata da lontano da numerosi alberi lungo l'argine.
In corrispondenza del km 3,2 si trova a destra un bel **percorso ginnico attrezzato**, dove gente di tutte le età si mantiene in forma applicandosi ai singoli esercizi. Si continua a pedalare sotto questo ampio argine, la cui sommità è asfaltata e ospita sportivi di tutti i tipi: marciatori, ciclisti, pattinatori. Si respira un clima salutare.
Al km 3,8 la pista ciclabile si inerpica sull'argine perfettamente asfaltato, e da lì si gode uno spettacolare colpo d'occhio sulla grande distesa verde del parco.
Dopo 600 m – al km 4,4 – ecco a sinistra il **Pleschinger See**, un rilassante laghetto con **campeggio** (anche per nudisti) e **giochi per bambini**, mentre la pista corre sempre sopraelevata lungo l'argine.
Al km 5,8 ritroviamo definitivamente il Danubio, anche se il fiume in questo tratto non offre effettivamente il meglio di sé: del resto è comprensibile, dato che sta attraversando la zona industriale non di una città qualsiasi ma della capitale industriale dell'Austria. Non so se mi spiego. Appena ingentilita dalla presenza del corso d'acqua, questa zona presenta una vaga somiglianza con Porto Marghera, l'area industriale vicina a Venezia. Non è certo il massimo, però non si può negare che emani un certo fascino. D'altronde questa è anche l'altra faccia del fiume, quella più disincantata e meno da cartolina, ma al-

trettanto reale: non è certo un caso che lungo il suo corso siano sorte fabbriche e industrie, soprattutto chimiche e siderurgiche, attirate dal fatto di poter sfruttare le potenzialità del fiume come grande via di comunicazione e di trasporto.

Ora la pista è scoperta, non ci sono alberi, e il percorso è condiviso anche da podisti in allenamento; l'argine è molto basso, poco inciso, offre un panorama in contrasto con le bellezze dei parchi e delle riserve naturali che si sono incontrate nel primo tratto, ma il Danubio è anche questo, con i suoi problemi di inquinamento, continuamente interrotto da numerose centrali idroelettriche.

Il fiume si trova a due metri da noi, l'argine è pressoché inesistente: il pensiero corre immediatamente alle piene e alle alluvioni che per secoli hanno costituito un flagello per le popolazioni danubiane. L'impressione è che una piena spazzerebbe via tutto (e nell'agosto del 2002 ricordiamo un'alluvione disastrosa e drammatica che ha messo in ginocchio non solo l'intera nazione ma anche quelle contigue, come Germania e Ungheria).

Al km 8,4 si passa sotto il ponte ferroviario e si continua sempre tranquillamente lungo un Danubio sornione, placido. Comunque la manutenzione degli argini è abbastanza costante ed è facile incontrare squadre di addetti allo sfalcio delle rive.

Al km 9,0 la ciclabile si innalza, finalmente, sopra un argine di 4-5 m sul livello del fiume.

Al km 9,8 ci attende la deviazione per la cittadina di **Steyregg** con **attraversamento pericoloso** (!) **(GPS ⑫: x: 451.407; y: 5.348.314)**.

Steyregg [sinistra]

ⓘ **Weissenwolffstrasse 3, tel. 0732.640155, office@steyregg.at**

Camping Am Pleschinger See, presso Restaurant Kolmer, tel. 0732.247870

Pension Würzburger, Stadtplatz 20, tel. 0732.640118

Zimmer Buchberger, Weih-Leite 4, tel. 0732.641671

Zimmer Haneder, Dörfl 17, tel. 0732.640724

Zimmer Mayr-Preslmayr, Plesching 1, tel. 0732.244393

Da vedere

Il **castello** di Steyregg del XIII secolo.

Il **Museo Heimat** e la **chiesa di S. Stefano**, in cui sono stati recentemente scoperti degli importanti affreschi.

Il **monastero di Pulgarn** (a 2 km a est) con bella chiesa gotica.

Steyregg-Abwinden | 5,6 km

Steyregg → Abwinden [5,6 km] Al bivio per Steyregg, con **attraversamento pericoloso** (!), si continua dritti lasciando la cittadina, che è circa a 1 km sulla sinistra. Sulla riva destra appaiono delle grandi cave, e la pista ora si snoda in una zona molto verde, un fitto bosco – anzi una vera e propria foresta. Siamo sempre allietati dai molti uccelli che fungono da colonna sonora. Dopo 400 m appare una sbarra per evitare la circolazione delle macchine; lungo il fiume sono posizionate alcune panchine dove poter sostare, e ora il panorama è tornato piacevole, non tanto in direzione del Danubio ma paradossalmente dandogli le spalle: si estende infatti una bella riserva naturale – **Ringelau** – attraversata da fiumiciattoli, specchi d'acqua, laghetti, una vera e propria oasi faunistica.

Al km 2 si abbandona la sponda del Danubio per un breve istante, si costeggia una darsena recintata, il Motor Yatch Club di Steyregg, **attraversamento pericoloso** (!), breve salitina e al km 2,4 si ritorna sul fiume.

Anche in questa zona, come è consuetudine lungo tutto lo sviluppo della ciclabile, si incontrano alcuni cartelli e indicazioni che segnalano alberghi, pensioni e *zimmer* dei paesi che la pista sta per attraversare. Sono segnalazioni da sfruttare, da valutare, dei buoni consigli, non trappole per turisti, per abbindolare allocchi, perché sono rivolte esclusivamente ai ciclisti, cioè a un pubblico ben preciso, che non ha infinite possibilità di spostamento, che deve trovare per forza un riparo per la notte senza troppi indugi e tentennamenti, che deve andare a colpo sicuro. E chi propone queste offerte lo sa bene: c'è assolutamente da fidarsi. È una soluzione comoda, soprattutto se la sera sta già avanzando e non si è ancora prenotato: si legge il numero di telefono, si chiama con il cellulare (ahimè... anche in biciclet-

Paletto segnaletico.

440
Am Pfenningerberg
Plesching
368
Aigen
Haid
Niederreiten
Lemberg
Schmie-gassen
336
452
436
STEYREGGER WALD
LACHSTATT
Pfenningberg
616
346
UNTEREICHENBACH
HOHENSTEIN
HOLZWINDEN
WEING
4,6 km
251
502
Finstergrabenb.
Reichenbach
526
Hohenstein
Forst
Obernbergen
Windegg
Götzelsdorf
372
Knier
Steyregg
259
Hasenberg
Kutzenberg-siedlung
Lehen
DEST - WERKE
1,4 km
Pulgarn
Pürach
Gröbetsweg
1,0 km
12
253
Weih
Statzing
LINZ
5,6 km
299
Luftenberg an der Donau
303
Donau
Hintberg
Traun
Weikerlsee
Luftenberg
400
Steining
Abwinden
AU
TRAUNDORF
268
13
Donaukraftwerk Abwinden-Asten
Mitterwasser
Ausee
259
POSCH
BELSBERG
2,5 km
Raffelstetten
246
262
PICHLING
Pichlinger See
Tagerbach
MÖNCHGRABEN
Ipfdorf
253
Ipfbach
Erlengraben
Tödling
4,5 km
Ölkam
Bruck bei Tödling
Museumbahn
255
Fisching
Rohrbach
267
291
Taunleiten
Asten
Norikum
Leitnerberg
2,5 km
Markt St. Florian
296
259
Samesleiten
Am Seisberg
Weiling
Hohenbrunn
Enzing
Volkersdorf
266
Nieder-fraunleiten
Tillysburg
Unterweidlham

ta!), si fissa l'alloggio *et voilà!*, il problema è superato.

Al km 3,4 si trova una piazzola con **area per picnic.** Ora la pista è decisamente bella, piacevole, scorrevole. Osserviamo che molti alberi di questa riserva presentano delle concrezioni di vischio che li rivestono di un abito vegetale che ne trasforma i profili. È assai gradevole pedalare lungo questo argine: dall'alto si notano anche parecchie torrette di avvistamento per uccelli. Ora il panorama è nuovamente cambiato rispetto a Linz, l'orizzonte è tornato a essere molto ampio: guardando verso la sponda destra si distende la pianura, mentre sulla sponda sinistra appaiono ancora dolci colline che muovono il panorama.

Al km 5,5 **area di sosta** con tavolini, acqua, WC, e un quadro con informazioni dettagliate sull'area attraversata. Niente da dire sulla segnaletica: sempre puntuale e perfetta.

100 m dopo, al km 5,6 appare un bivio **(GPS ⑬: x 457.040; y 5.344.851)**: continuando dritti ci si sposta sulla sponda opposta, quella destra, oltrepassando la **diga di Abwinden-Asten** (che dista solo 400 m), mentre chi desidera continuare sul lato sinistro deve piegare decisamente a sinistra, fare un'inversione a U per poi puntare decisamente verso St. Georgen passando per il paese di **Abwinden**, posto a qualche centinaio di metri. Noi scegliamo questa seconda soluzione però consigliamo anche, per chi lo voglia, una breve deviazione di 10 km per effettuare un'escursione al bellissimo paese di **Markt St. Florian**, conosciuto in tutto il Paese per la splendida abbazia, vero gioiello del barocco austriaco.

DEVIAZIONE

Escursione a Markt St. Florian [9,7 km]

Abbandonata momentaneamente la sponda sinistra del fiume, si attraversa il Danubio grazie alla centrale idroelettrica di Abwinden-Asten e dopo 2,7 km ci si trova a un bivio: a sinistra si va a Enns, mentre per Markt St. Florian si gira a destra e si seguono i cartelli indicanti Florianiweg.

Quindi si oltrepassa la ferrovia, si entra nei paesini di **Fisching** prima e di **Asten** poi, passando sotto due grandi ponti stradali. Successivamente, seguendo le indicazioni, si attraversa di nuovo una ferrovia e già si vede da distante ergersi in tutta la loro maestosità le guglie barocche della grande abbazia. Per vederle da vicino, però, c'è da affrontare una bella salita: cambiate rapporto!

Markt St. Florian

«La pompa decorativa dei grandi conventi austriaci – Sankt Florian, Göttweig, Maria Taferl e soprattutto Melk – non cancella la loro più vera natura, quella misteriosa semplicità che inserisce le loro cupole e i loro campanili nella religiosità secolare del paesaggio, nella curva delle colline e nel silenzio dei boschi, nella pace della tradizione. Bruckner, che dedicava una sinfonia "al buon Dio", incarna questa raccolta interiorità, che vive nella religione come nell'aria natìa e capisce la dissonanza del moderno grazie al suo doloroso e candido sentimento dell'armonia».
C. Magris, *Danubio*, p. 170.

In questa piacevole cittadina tutto ruota attorno alla celeberrima **abbazia agostiniana**, sorta sul luogo del martirio di San Floriano avvenuto nel 304 sotto Diocleziano. Il martire era un romano convertito al cristianesimo e per questo motivo venne annegato nel fiume Enns: è uno dei santi più amati e rappresentati in Austria, raffigurato spesso mentre spegne il fuoco con un secchio di acqua. È il santo protettore dei pompieri.
Fondata nel IX secolo, occupata dai frati agostiniani nel 1071, totalmente rifatta nel XVII secolo e completata solo nel 1751, l'abbazia è uno dei più alti esempi del barocco in Austria (Stiftstrasse 1, tel. 07224.8902, www.stift-st-florian.at, visite guidate tutti i giorni ore 10, 11, 14, 15, 16 da Pasqua al 31 ottobre, costo: adulti/studenti euro 5,05/4,40).
All'interno sono da non perdere i lussuosi **appartamenti** con stucchi e affreschi, soprattutto le sedici stanze dell'imperatore (riservate a papi e regnanti in visita) e una straordinaria **biblioteca** con 125.000 volumi. Notevole è anche la **galleria Altdorfer**, in cui sono esposti quattordici dipinti di Albrecht Altdorfer, celebre pittore tedesco del XVI secolo. L'adiacente **Stiftkirke**, la chiesa abbaziale, è rigurgitante di stucchi e affreschi e offre un colpo d'occhio d'eccezione. Qui il famoso compositore Anton Bruckner fu per lungo tempo organista ufficiale, tanto da restare per sempre legato al suo organo, visto che è sepolto nella cripta sottostante.
A fianco dell'abbazia si trova – in onore di San Floriano – l'**Historiches Feuerwehrzeughaus**, il museo dei vigili del fuoco (Stiftstrasse 2, tel 07224.4219, orari: maggio-ottobre 9-12 e 14-16, costo: adulti/studenti euro 2,20/1,85).

Tourismusverband, Marktplatz 2, tel. 07224.5690, st.florian@oberoesterreich.at (lun-ven 9-13)

Autohaus Brunner, Wienerstrasse 23, tel. 07224.42170, fax 07224.88356

Gasthof Zur Kanne, Marktplatz 7, tel. 07224.4288, office@gasthof-koppler.at

Zum Märzenkeller, Am Bäckerberg 1, tel. 07224.4276, office@pfistermueller.at

Zum Goldenen Pflug, Speiserberg 3, tel. 07224.4226

Abwinden-Au — 18,6 km

Abwinden→Mauthausen [bivio campo di concentramento - 6,9 km] Giunti al bivio sul fiume, si gira a sinistra e si abbandona per qualche chilometro il corso d'acqua; dopo 200 m si oltrepassa un ponte su un ramo del Danubio e quindi, dopo altri 100 m si affronta un **sottopassaggio** molto basso e abbastanza stretto (!), infine al km 0,3 si raggiunge il cartello stradale di **Abwinden** e si pedala lungo il piccolo paesino. Al momento non ci si trova su una pista ciclabile ma su una strada secondaria a traffico molto limitato; il Danubio è già lì in fondo, si intravede alla nostra destra distante circa 1 km. Dopo 0,9 km appare una cappella con tre-quattro panchine attorno, che può diventare un ottimo posto di ristoro, **area per picnic**, con il duplice effetto, per chi lo desidera, di riposare il corpo e di rinfrancare lo spirito.

Abwinden [sinistra]

Gashof Radlwirt, Abwinden-Dorf 7, tel. 07237.2479

Mostschenke Reiter, Abwinden-Dorf 3, tel. 07237.2455

Pension Bauer in Hof, Abwinden-Dorf 3, tel. 07237.2455

Zimmer Resanka, Abwinden-Dorf 227, tel. 07237.4530

Abwinden è una cittadina distesa, lungo la strada per alcune centinaia di metri, con molte segnalazioni per ciclisti come pensioni e *privat zimmer*; la Gasthof Radlwirt offre anche **giochi per bambini** e nella sua insegna è dipinta un'invitante bicicletta. Sentirsi considerati, amati, rispettati, è una sensazione veramente piacevole per noi pedalatori: qui in Austria l'escursionista su due ruote non viene tartassato, vessato, sfiorato continuamente dai mezzi motorizzati così come avviene in gran parte d'Europa, almeno in quella mediterranea. In Austria ogni persona – dal pedone all'albergatore, dal vigile urbano all'automobilista – ti tratta con rispetto e ammirazione, ti fa sentire oggetto di attenzione e considerazione. Spesso le insegne dei locali mostrano una vecchia bicicletta appesa, in bella mostra,

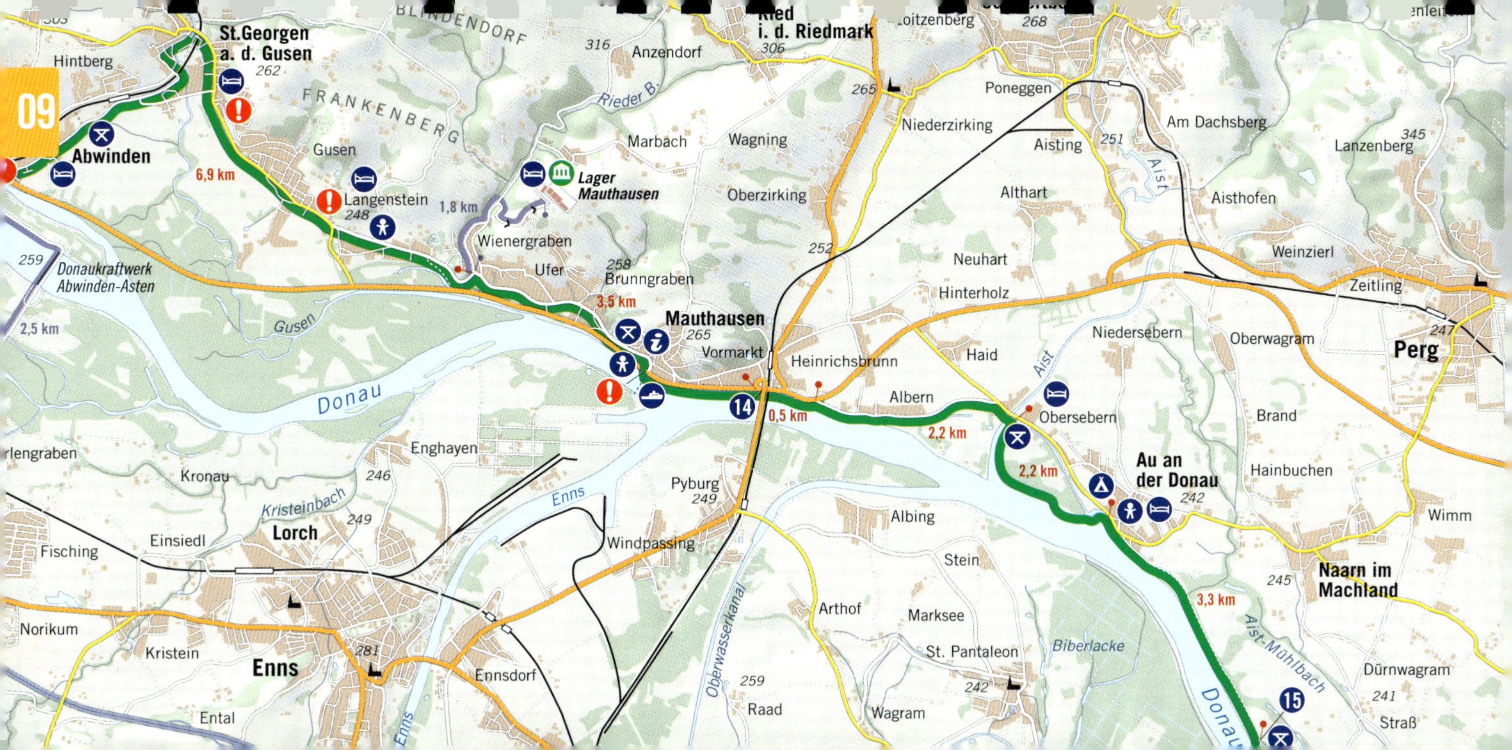
09
St.Georgen
a. d. Gusen
262
Hintberg
Abwinden
6,9 km
Gusen
Langenstein
248
FRANKENBERG
BLINDENDORF
316
Anzendorf
Rieder B.
Marbach
Lager
Mauthausen
1,8 km
Wienergraben
Ufer
258
Brunngraben
3,5 km
Mauthausen
265
Vormarkt
Wagning
Oberzirking
Ried
i. d. Riedmark
306
265
252
Niederzirking
Poneggen
268
Aisting
251
Aist
Althart
Neuhart
Hinterholz
Heinrichsbrunn
14
0,5 km
Albern
2,2 km
Haid
Niedersebern
Aist
Obersebern
2,2 km
Au an
der Donau
242
Am Dachsberg
345
Lanzenberg
Aisthofen
Weinzierl
Zeitling
247
Perg
Oberwagram
Brand
Hainbuchen
Wimm
245
Naarn im
Machland
3,3 km
Aist-Mühlbach
15
Dürnwagram
241
Straß
Donau
259
Donaukraftwerk
Abwinden-Asten
2,5 km
Gusen
Donau
Enghayen
246
Enns
Pyburg
249
Windpassing
Albing
Stein
Arthof
Marksee
St. Pantaleon
242
Biberlacke
Wagram
Oberwasserkanal
259
Raad
Kronau
Kristeinbach
249
Lorch
Einsiedl
Fisching
Norikum
Kristein
Enns
281
Ennsdorf
Ental
Enns

Pedalando nel verde.

a testimonianza della sensibilità nei confronti dei ciclisti: viene voglia di entrare, è come esibire un'identità comune, un passaporto universale, consumare una complicità.

Al km 1,5 si abbandona definitivamente l'abitato di Abwinden sempre lungo una strada a traffico limitato, effettivamente con pochissime automobili. Al km 2,1 si giunge quindi in prossimità della stazione ferroviaria di **St. Georgen** e si gira a sinistra, passando davanti alla stazione. Quindi si prosegue dritti e si arriva nei pressi del cartello di St. Georgen. A 30 m dal cartello si gira seccamente a destra, si abbandona la strada a basso traffico e si imbocca una pista ciclabile che punta verso il centro.

Al km 2,9 si gira a sinistra abbandonando la ciclabile e ci si immette nuovamente in una strada promiscua con automezzi. **Incrocio pericoloso** (!). Al km 3,1 si torna a pedalare su una ciclabile che corre a fianco della statale e attraversa una piccola zona industriale con capannoni e autoconcessionari: la pista è nettamente separata, ma la strada è abbastanza trafficata.

Dopo 500 m esatti – al km 3,6 – la pista abbandona la strada e ci si trova subito in campagna, con un paio di ampie curve in leggera discesa sapientemente disegnate tra i campi. Bel panorama campestre.

Al km 4 siamo all'altezza dell'abitato di **Gusen**, la ciclabile penetra tra le villette di periferia e dopo altri 600 m torna a snodarsi a fianco della statale, separata dalla carreggiata da un'ampia aiuola, un piccolo terrapieno.

Al km 5,2 si deve affrontare l'**attraversamento** di una grossa strada (!) e quindi si entra nel paesino di **Langenstein,** pedalando lungo la strada con traffico cittadino, anche se non intensissimo. C'è un'**area giochi per bambini**.

Al km 6,9 ci troviamo di fronte un bivio: dritti si va al centro di **Mauthausen**, a sinistra invece si sale per il tristemente noto **campo di concentramento**. Siamo giunti contemporaneamente al cartello del comune di Mauthausen.

DEVIAZIONE

■ Campo di concentramento di Gusen-Mauthausen [3,6 km and/rit] La deviazione per il lager è su strada asfaltata, tranquilla, con pochissimo traffico. Si vedono le prime case di questo paesino ridente: è incommensurabile la sproporzione tra questi bei giardini, queste case curate e il terribile motivo per cui questo luogo è tristemente famoso in tutto il mondo. Questa cittadina – Mauthausen – è considerata la massima espressione del male: la triste storia che evoca e che si porta appresso come un marchio d'infamia indelebile è in totale antitesi con l'immagine di un innocuo e dolce paesino con case dai balconi fioriti.

Monumento alle vittime di Mauthausen.

Al km 0,7 si esce dal limite comunale di Mauthausen e dopo 100 m, al km 0,8, si devia decisamente a destra: qui comincia la salita.

È molto impegnativa, al 14%; c'è subito un tornante a destra particolarmente ripido, poi si gira leggermente a sinistra. Sono 500 m di strappo secco, duro, tagliagambe: si consiglia di scendere e spingere la bici per evitare sforzi eccessivi. Questa salita fa anche pensare all'espiazione di una colpa collettiva, ma solitamente i ciclisti troppe colpe non hanno. Comunque la salita finisce al km 1,3, poi spiana per 200 m e al km 1,5 riprende con un ultimo strappetto, più abbordabile.

La cittadina di Mauthausen.

Al km 1,8 la salita è finita e appare la lugubre sagoma del lager (tel. 07238.2269, orari: da aprile a settembre ore 8-18, altri mesi 8-16, costo: adulti/ridotti euro 1,85/0,75).

Dentro il lager

«La letteratura e la poesia non sono mai riuscite a rappresentare adeguatamente questo orrore; anche le pagine più alte sbiadiscono dinanzi al nudo documento di questa realtà, che sovrasta ogni immaginazione».
C. Magris, *Danubio*, p. 166.

Visitare il **Konzentrationslager** è un'esperienza molto forte, dura, drammatica, ma è certamente da non perdere, soprattutto se siete con i vostri figli. Trasformato in museo a imperituro ricordo per i posteri, nel percorso museale è tracciata la drammatica storia degli internati, scandita da documenti, oggetti, ricostruzioni d'ambiente, materiale fotografico che testimonia le condizioni di vita e – tra le altre cose – anche gli esperimenti medici effettuati sugli internati.

Lager.

Si possono visitare sia le camere a gas che le baracche dove erano stipati i prigionieri, che venivano utilizzati nel lavoro forzato presso una vicina cava, collegata al campo di concentramento da una scalinata soprannominata lugubremente *Todesstiege* (la scala della morte). Percorrere i suoi 186 scalini è una vera e propria discesa agli inferi, non certo per la fatica ma per la sensazione di vuoto e di inesprimibile pena mista all'imbarazzo di essere noi ancora vivi.

Non come le oltre 120.000 persone che invece qui hanno trovato una terribile morte, più della metà dei circa 230.000 deportati che dal 1938 al 1945 hanno varcato queste inquietanti mura grigie e spesse.

Le baracche e una torretta di guardia del lager.

Il campo inoltre è disseminato di monumenti funebri eretti in memoria delle persone di diversa nazionalità perite in questo infernale luogo di detenzione e di annientamento dell'uomo. Quello dedicato ai 5750 internati italiani reca la scritta a caratteri cubitali: «Agli italiani che per la dignità degli uomini qui soffersero e perirono». Lungo un muretto sono poste un insieme di foto, scritte, lapidi, ricordi vari dei nostri connazionali deceduti.

bivio Mauthausen → ponte di Mauthausen [3,5 km] Giunti al bivio, andando dritti si incontra un leggero strappo in salita dopo 300 m e si giunge nella periferia di **Mauthausen**. Si torna a pedalare lungo la strada locale a traffico limitato (ma non troppo). Al km 1,4 si pedala a fianco della strada e si ritrova nuovamente il Danubio, ma anche una strada a scorrimento veloce che si costeggia.

Al km 1,9 si abbandona la strada e si entra nel centro di Mauthausen, con una sfilza di alberghi, pensioni, ristoranti, gelaterie: insomma, un paesino piacevolmente turistico con offerta variata, perfino ristoranti cinesi. All'ingresso del paese, al km 2,1, c'è una grande **area per picnic** con parecchie panchine. L'attraversamento della città si effettua su pavé e acciottolato alquanto sconnesso. Al km 2,3 ecco l'**ufficio informazioni** con scelta di ristoranti e pensioni lungo il fiume: per la prima (e unica) volta appaiono molte indicazioni in italiano, evidentemente legate alla presenza di numerosi nostri connazionali che si recano a visitare il lager.

Il Danubio a Mauthausen.

In corrispondenza dell'ufficio turistico c'è un ampia **area giochi per bambini**. In centro città c'è anche il **traghetto** che porta sulla sponda destra, ma noi consigliamo decisamente di restare su quella sinistra. Si lascia la cittadina effettuando un **attraversamento pericoloso** (!) dello stradone trafficato e interdetto alle bici: ci si immette nella ciclabile che corre sempre alla sua destra. Bisogna prestare abbastanza attenzione perché la pista non è particolarmente ampia, al massimo 2 m, e c'è un affilato guard-rail sulla sinistra: qualora si incontrassero dei ciclisti in direzione opposta lo spazio si restringerebbe ulteriormente; la sensazione di disagio è aumentata dal traffico intenso e dal conseguente rumore.

Al km 3,5 si passa sotto un grande ponte (**GPS** ⑭**: x 465.325; y 5.343.015**).

Mauthausen.

Mauthausen [2212 - sinistra]

Heindlkai, tel. 07238.2243, mauthausen@oberoesterreich.at; www.tiscover.com /mauthausen

Radfahrer Infostelle, Heinlkai, tel. 07238.3860 (aprile-settembre)

Trauner & Co, Marktplatz 5, tel. 07238.2235, fax 07238.2235-85

Zweirad Koch, Linzer Strasse 77, tel. 07238.5435

orari: maggio, giugno, agosto 9-19, luglio 9-20, settembre 9-18

Gasthof Zur Traube, Heindlkai 15, tel. 07238.20230, fax 07238.202351, gh.traube@mauthausen.at; www.tiscover.com/gasthof.traube

Gasthof Mühlviertlerhof, Heindlkai 5, tel. 07238.2230, aberl@muehlviertlerhof.com; www.muehlviertlerhof.com

Gasthof Maly, Machlandstrasse 1, tel. 07238.2249

Pension Weindlhof, Kirchenweg 12, tel. 07238.2641, weindlhof@netway.at

Zimmer Auböck, Haid 3, tel. 07238.4410

Zimmer Peterseil, Reiferdorf 11, tel. 07238.2864

Zimmer Freudenthaler, Nelkenweg 3, tel. 07238.4811

Mauthausen.

ponte Mauthausen → Au an der Donau [4,9 km] Dopo 500 m si abbandona definitivamente lo stradone e si imbocca una bella stradina secondaria. Al km 0,9 la strada piega leggermente a sinistra in direzione Albern e si scende dal terrapieno su cui si stava correndo.

Al km 2,7 si attraversa un ponticello sul fiume **Aist**, lungo circa 120 m e recante all'estremità un arco trionfale della cittadina di Au che offre il benvenuto nel territorio. In corrispondenza del ponte c'è un'**area di sosta** coperta e ben attrezzata, parcheggi per bici, informazioni su un grande cartello stradale su questo tratto del Danubio **(GPS ⑮: x 467.782; y 5.342.760)**.

Immediatamente dopo il ponte si piega a destra e si pedala su una bellissima e dolce ciclabile lungo l'argine dell'Aist, che sta per immettersi nel Fiume Blu. Ci si dirige verso

Au, lungo una deliziosa pista su un argine ben attrezzato con parecchie **panchine**. Al km 4,2 appare sulla sinistra un ampio **campeggio**, mentre a destra c'è un campo di beach-volley. Ogni 200 m una panchina. Al km 4,5 la pista attraversa il campeggio, che ora si estende anche sul lato destro; al km 4,6 si incontrano, sempre sulla destra, la reception del campeggio e l'**ufficio informazioni** della cittadina di **Au**, mentre a sinistra si nota un'**area giochi** attrezzatissima, aperta anche ai non frequentanti il campeggio.
Al km 4,9 c'è un'ampia darsena, in corrispondenza del grandissimo campeggio.

Au an der Donau [2107 - sinistra]

Comune di Naarn, Pergerstrasse 2, Naarn, tel. 07262.58255, gemeinde@naarn.ooe.gv.at

Radservice Erwin Wurm, Donaustrasse 13, tel. 07262.52636

Campingplatz Au, Hafenstrasse 1, tel 07262.53090, camping.audonau@aon.at

Gasthof Jägerwirt, Oberer Markt 24, tel. 07262.58514, fax 07262.585149, www.tiscover.com/jaegerwirt-au

Gasthof Stadler, Markstrasse 19, tel. 07262.58591

Gasthof Püringer, Markstrasse 42, tel. 07262.58513

Zimmer Froschauer, Markstrasse 28, tel. 07262.58509

Zimmer Waldmann, Gartenweg 3, tel. 07262.58031

Au an der Donau → deviazione lungo l'argine

[3,3 km] Ora la pista corre su una specie di diga, quasi un argine fortificato, caratterizzata dalla presenza di grandi bitte. Si è completamente isolati, si ode solo il cinguettio degli uccelli, soprattutto i picchi, e l'itinerario – piacevolissimo da percorrere anche a piedi – è abbellito e arricchito da molte panchine lungo il fiume. Si incontra anche un tipico casotto di controllo delle maree. Dopo 700 m si gira a sinistra, si abbandona questa specie di argine fortificato e si scende per continuare poi a costeggiarlo, lasciandolo infine a 50 m, separati da un fossato. Dopo qualche centinaio di metri si pedala a lato di un folto bosco con tanto di torrette di avvistamento per gli uccelli: siamo entrati nell'ennesima oasi naturalistica protetta.
Al km 3,3 appare improvvisamente una curva a destra e si risale nuovamente sull'ampio argine sopraelevato, sempre su strada ottimamente asfaltata. In corrispondenza del rientro sull'argine si trova un'**area per picnic**.

■ **Au → Mitterkirchen** [10,3 km] Siamo al cospetto del trionfo della natura: posizionati sopra un terrapieno, ci troviamo completamente avvolti nel verde, non esiste assolutamente traccia della presenza dell'uomo, non ci sono costruzioni, fabbriche, piloni della luce. Sul lato sinistro si dirama una sorta di reticolo di canali e stagni dove vivono felicemente acquattati numerosissimi animali e uccelli di tutte le specie. Tutto da godere.

Questa zona naturalistica ci accompagna per svariati chilometri. Il percorso è semplice, lineare, caratterizzato dalla presenza di lunghi rettilinei e da qualche panchina posizionata nei punti più panoramici. Ogni tanto compare, sulla sinistra, qualche catasta di legna affastellata dalle guardie forestali locali.

Al km 5,3 si trova un'**area per picnic**.

Al km 5,9 si oltrepassa una sbarra che impedisce il passaggio dei mezzi a quattro

L'ufficio informazioni nei pressi di Mitterkirchen.

ruote. Quindi – al km 8 – si abbandona il Danubio poiché la pista piega decisamente a sinistra per aggirare la **centrale idroelettrica di Wallsee-Mitterkirchen**; poco dopo – al km 8,3 – ecco apparire un'**ampia area di sosta attrezzata**, anche coperta (wc, acqua potabile), con un modernissimo **ufficio informazioni** (tel. 07269.30373, maggio-metà ottobre, ore 11-19), attrezzato anche per la vendita di souvenir, guide (purtroppo solo in tedesco, tanto per cambiare) e generi di conforto come barrette di cioccolato e gelati **(GPS ⑯ : x 477.171; y 5.335.411)**.

Dopo 100 m si giunge a un importante bivio: a destra si va a Grein via Wallsee lungo la sponda destra e si oltrepassa il Danubio attraverso la grande diga, mentre a sinistra si arriva a Grein via Mitterkirchen, continuando a correre quindi lungo

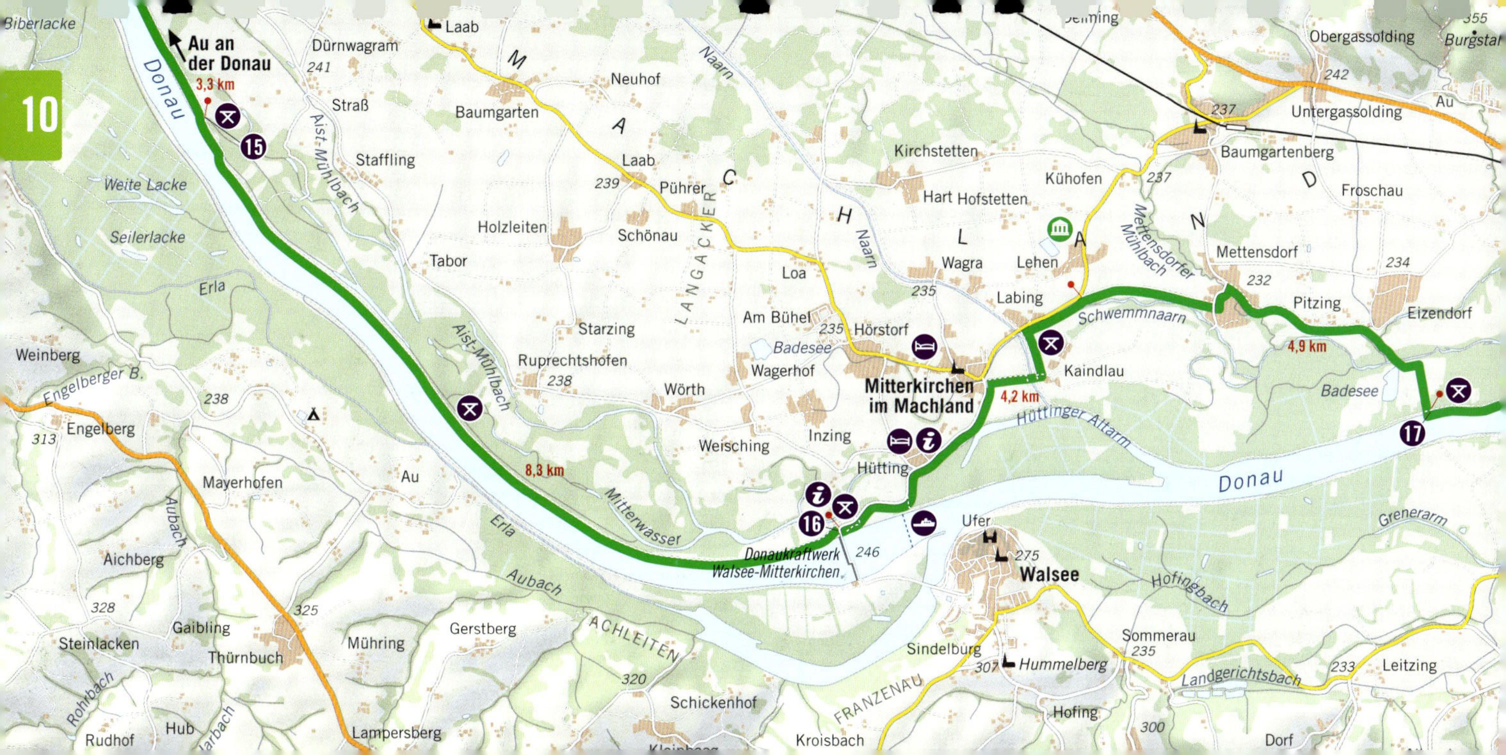
10
Au an der Donau
3,3 km
15
16
17
4,2 km
4,9 km
8,3 km
Donau
MACHLAND
LANGACKER
Mitterkirchen im Machland
Walsee
Donaukraftwerk Walsee-Mitterkirchen
Baumgartenberg
Untergassolding
Obergassolding
Burgstal
Kirchstetten
Hart Hofstetten
Kühofen
Froschau
Mettensdorf
Mettensdorfer Mühlbach
Pitzing
Eizendorf
Badesee
Schwemmnaarn
Kaindlau
Lehen
Labing
Wagra
Naarn
Hörstorf
Am Bühel
Loa
Wagerhof
Inzing
Hütting
Hüttinger Altarm
Weisching
Wörth
Ruprechtshofen
Starzing
Schönau
Pührer
Laab
Holzleiten
Tabor
Baumgarten
Neuhof
Dürnwagram
Straß
Staffling
Aist-Mühlbach
Weite Lacke
Seilerlacke
Biberlacke
Erla
Weinberg
Engelberger B.
Engelberg
Mayerhofen
Au
Mitterwasser
Aubach
Aichberg
Gaibling
Steinlacken
Thürnbuch
Rohrbach
Rudhof
Hub
Lampersberg
Mühring
Gerstberg
ACHLEITEN
Schickenhof
FRANZENAU
Kroisbach
Sindelburg
Hummelberg
Hofing
Ufer
Sommerau
Hofingbach
Landgerichtsbach
Leitzing
Dorf
Grenerarm
241
239
238
235
237
242
232
234
246
275
307
235
233
300
320
325
328
313
355

Il museo all'aperto di Mitterkirchen.

il lato sinistro del fiume. Consigliamo vivamente questo percorso. Ora il panorama è del tutto cambiato rispetto al paradiso naturalistico precedente: non siamo più su pista ciclabile ma su strada secondaria, per quanto assolutamente poco trafficata. Al km 9,3 si oltrepassa un ponte sull'**Hüttinger Altarm** e quindi si attraversa la cittadina di **Hütting**. Si corre tra grandi campi coltivati sempre in promiscuità con le auto, ma con traffico assai limitato.

Al km 10,3 appare il cartello di **Mitterkirchen**, quindi si abbandona la strada con curva secca a 90 gradi a destra e si prosegue lungo una stradina di campagna, perfettamente asfaltata.

■ **Mitterkirchen → Badesee** [7,1 km] Dopo 0,9 km dall'ingresso a Mitterkirchen si oltrepassa un ponticello e si gira subito a sinistra seguendo il corso d'acqua; dopo 250 m appare un'**area per picnic** attrezzata e quindi al km 1,2 si gira seccamente a destra. Ora la strada è un po' più trafficata.

Al km 3,5 si giunge alla cittadina di **Mettensdorf**, quindi – 30 m dopo il cartello – si gira a sinistra sempre su stradina promiscua, poi ampia curva a destra, sinistra, ponticello in pietra e al km 3,7 si piega nettamente a destra. Tutte queste

Mitterkirchen in Machland [sinistra]

Marktgemeindeamt, Mitterkirchen 50, tel. 07269.8255-0, gemeinde@mitterkirchen.at; www.mitterkirchen.at

Fam. Hochrater, Loa 5, tel. 07269.8566, fax 07269.8564

Fam. Mairhofer, Weisching 9 (3 km a ovest, vicino Badesee), tel. 07269.8258

Gashof Anton Häuserer, Mitterkirchen 10, tel. 07269.8325, gastahus.haeuserer@aon.at

Gasthaus Haberl, Mitterkirchen 18, tel. 07269.8423, office@haber-mitterkirchen.at

Fam. Moser, Mitterkirchen 27, tel. 07269.8311, rad.moser@utanet.at

Da vedere

A 2 km, presso Lehen, il **Freilichtmuseum**, museo primitivo all'aperto (tel. 07269.6611, orari: metà aprile-ottobre, ore 9-17) con resti di sepolture della prima età del ferro.

deviazioni sono comunque perfettamente segnalate, com'è consuetudine lungo tutta la pista ciclabile da Passau a Vienna: riuscire a perdersi è veramente un'impresa.

Al km 4,2 abbandoniamo anche la cittadina di Mettensdorf e ci inoltriamo in piena campagna: il Danubio è distante qualche centinaio di metri, anche se la sua presenza è sottolineata dalla foresta fluviale che si erge lungo le sponde.

© Rudi Weiss/Archiv DTG

La vivace campagna vicino a Mettensdorf.

ph Claudio Pedroni

Sempre dritti!

Al km 5,4 – a **Eizendorf** – si gira decisamente a destra e poi ancora destra a un bivio, e si continua per la pista asfaltata. Si attraversa un ponte, altro bivio e si prende decisamente a sinistra lungo la strada tornata a essere esclusivamente ciclabile.

Si arriva all'altezza di un laghetto dove si può fare qualche bella bracciata, poi c'è una curva a 90 gradi a destra e quindi si punta decisamente verso il Danubio, che appare al km 7,1. Proprio nel punto in cui la pista si sposa con il fiume si trova una piccola e panoramica **area per picnic**, sotto gli alberi **(GPS ⑰ : x 483.410; y 5.336.731)**.

Qualche sito web

Qualche altra interessante informazione potete desumerla dai seguenti siti web:
www.austria-tourism.at (sito dell'Ente Turistico Austriaco);
www.fiab-onlus.it/andare/austria.htm;
www.austria.it (sito dell'Ambasciata austriaca in Italia);
www.danube.at;
www.danubio.com;
www.viaggiarenelmondo.it/int_paesi/austria.html (sito degli Uffici Turistici Associati);
www.vacanzeinaustria.com/ (sito di riferimento degli alberghi nei quali si parla italiano).

Badesee-Willersbach | 24,1 km

■ Badesee→Grein [9,4 km] Ora si pedala lungo una bellissima ciclabile frondosa che ci accompagna piacevolmente fino a **Dornach**, dove al km 3,4 si attraversa un ponte su un fiumiciattolo e quindi si gira a destra, sempre lungo il Danubio **(GPS ⑰ : x 486.563; y 5.337.688)**.

Si corre paralleli alla ferrovia, tenendola alla propria sinistra, si oltrepassa la stazione ferroviaria di Dornach e poi si continua in mezzo al verde, con la costante presenza della strada ferrata e anche della strada asfaltata, entrambe a sinistra e a ridosso di una collina.

Per pochi metri la pista si discosta dalle due vie di comunicazione, descrive un'ampia curva a destra al km 5, poi appare un bivio: si prende a sinistra e si ritorna subito sulla riva. In questi chilometri il panorama torna a cambiare e il Danubio, dopo qualche chilometro di calma piatta, ricomincia a insinuarsi tra colline verdeggianti e mosse.

Al km 7,4 ci si trova sotto un grande ponte **(GPS ⑱ : x 489.213; y 5.339.906)** nei pressi di **Grein**, che dista un paio di chilometri. Continuando dritti si giunge alla splendida cittadina che merita una visita accurata, mentre per andare sull'altra sponda del Danubio, decisamente migliore dal punto di vista ciclistico, bisogna – dopo 200 m – **attraversare** la strada (!) ed effettuare una breve rampa in **salita parecchio impervia** (!), e quindi compiere l'attraversamento dell'alto ponte sul Danubio, non prima di aver nuovamente effettuato un **attraversamento veramente pericoloso** (!).

ph Claudio Pedroni

Lungo il placido Danubio.

Il nostro personale consiglio è di recarsi a Grein, visitarla attentamente, magari fermarsi a dormire e poi tornare indietro di 2 km, oltrepassare il ponte e recarsi

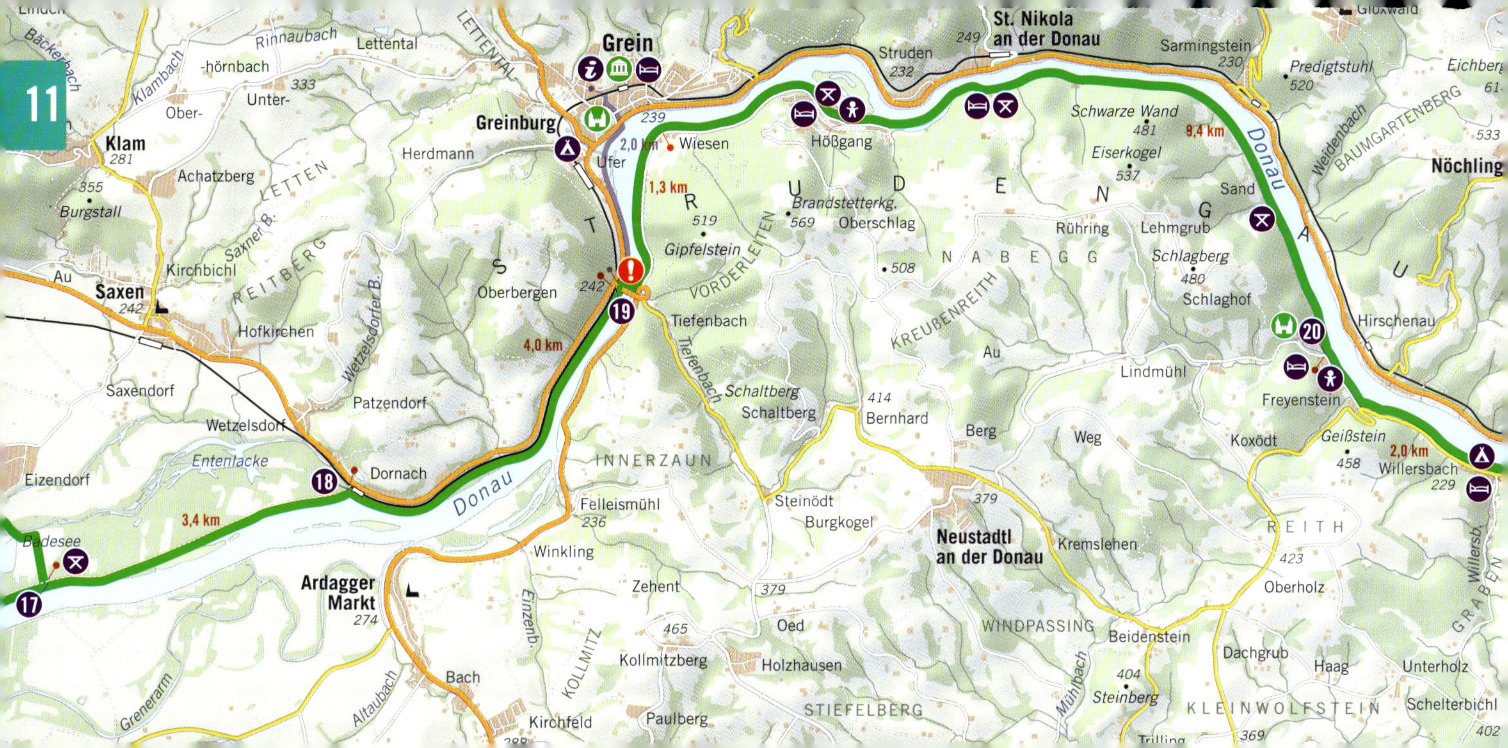
11
Grein
Greinburg
St. Nikola an der Donau
Nöchling
Klam
Saxen
Ardagger Markt
Neustadtl an der Donau
Donau
Struden
Sarmingstein
Hößgang
Wiesen
Ufer
Tiefenbach
Dornach
Freyenstein
Willersbach
Hirschenau
Predigtstuhl
Schwarze Wand
Eiserkogel
Gipfelstein
Brandstetterkg.
Schaltberg
Oberbergen
Hofkirchen
Wetzelsdorf
Patzendorf
Saxendorf
Eizendorf
Entenlacke
Badesee
Innerzaun
Felleismühl
Winkling
Zehent
Kollmitzberg
Holzhausen
Oed
Steinödt
Burgkogel
Bernhard
Berg
Weg
Lindmühl
Koxödt
Geißstein
Kremslehen
Beidenstein
Oberholz
Dachgrub
Haag
Unterholz
Schelterbichl
Steinberg
Windpassing
Kleinwolfstein
Stiefelberg
Reith
Bach
Kirchfeld
Paulberg
Herdmann
Achatzberg
Burgstall
Kirchbichl
Lettental
Rinnaubach
Lehmgrub
Rühring
Oberschlag
Schlagberg
Schlaghof
Sand
Au
Kreußenreith
Vorderleiten
Nabegg
Strudengau
Reitberg
Letten
Baumgartenberg
Weidenbach
Eichberg
2,0 km
1,3 km
9,4 km
4,0 km
3,4 km
2,0 km
17
18
19
20

sulla sponda destra. Stando attenti ai due attraversamenti pericolosi e alla salita!
Per cui continuate lungo il Danubio e arriverete a Grein al km 9,4.

■ **Grein → Willersbach** [14.7 km] Visitata Grein, si torna indietro fino al ponte, km 2, poi si attraversa il fiume, quindi si scende con un'ampia curva una rampa e poi si gira a destra. Al km 2,5 si volta a destra e si prende la pista ciclabile. Qui comincia il caratteristico tratto molto movimentato del fiume chiamato **Strudengau**.
Si pedala godendo piacevolmente della vista delle case arroccate di Grein e al

Foto ricordo a Grein.

Grein [2079 - sinistra]

Tourismusverband, Stadtplatz 7, tel. 07268.7055, info.grein@oberoesterreich.at; www.grein.at

Hermann Grell, Kreuzen Strasse 1, tel. 07268.230, tel. 07268.7503

Campingplatz Grein, Campingplatz 1, tel. 07268.21230, campgrein@hotmail.com

Gasthof Zur Traube, Greingurgstrasse 6, tel. 07268.312, hbarth@gmx.at

Pension Faltinger, Kaiser-Friedrich-Strasse 1, tel. 07268.374

Pension Tirol, Spitzfeldstrasse 16, tel. 07268.256

Pension Martha garni, Hauptstrasse 12, tel. 07268.345, pensionmartha@yahoo.de

Pension Regina, Klostergasse 4, tel. 07268.275

Zimmer Helga Prinz Brucknerstrasse 11, tel. 07268.7918

Zimmer Langthaler, Jubiläumstrasse 34, tel. 07268.500

Zimmer Oberzaucher, Fadingenstrasse 11, tel. 07268.495

Da vedere

La scenografica **Stadtplatz**, circondata da caratteristiche case con facciate barocche e dal **Municipio**.
Il grazioso **teatrino rococò** costruito nel 1791, con arredi dell'epoca, presso il Municipio, con soli 163 posti a sedere. È il più antico teatro municipale di tutta l'Austria.
La **chiesa parrocchiale St. Ägidius**.
Il **castello di Greinstein**, poderosa fortezza, costruita nel XV secolo con grande cortile.
Il **Museo regionale della navigazione** dell'Austria Superiore, che si trova presso i saloni del castello di Greinstein.

La città di Grein poggiata sull'acqua.

km 3 si giunge al cartello che segnala l'inizio della cittadina di **Wiesen**; il percorso ora si svolge su strada secondaria, promiscua, quindi bisogna rivolgere un po' di attenzione, soprattutto se si hanno dei bimbi al seguito. Si coglie per l'ultima volta il colpo d'occhio della città di Grein e del suo severo **castello**.

Al km 5,4 si incontra un'**area per picnic** e un'**area giochi** per bambini. Il Danubio torna ad avere un andamento più sinuoso, con curve strette e le colline a ridosso, di conseguenza anche la sua corrente non è più placida e tranquilla come è stata per molti chilometri, ma nervosa, viva, impetuosa.

Al km 5,5 ecco il paese di **Hössgang**, mentre alla nostra sinistra si erge la temibile **strettoia di Struden** che crea uno dei passaggi più difficili dell'intero percorso. Da sempre i capitani delle navi temono questo tratto angusto, un tempo caratterizzato da gorghi e vortici. Nei secoli scorsi sapienti lavori hanno addolcito le correnti e ora comunque la navigazione è molto più tranquilla, più facile. A questo punto la pista abbandona il fiume e corre lungo un laghetto.

Al km 6 **area per picnic**. Il paesino è allungato sulla riva, si nota l'insegna di qualche *zimmer*, di qualche pensioncina e al km 6,6 si esce definitivamente da Hössgang. Di fronte, sulla riva opposta, si erge la massiccia mole di **Burg Werfenstein**, antica stazione di dazio.

La riva destra è assolutamente poco antropizzata, la ciclabile corre in mezzo agli alberi, che offrono riparo dal sole, mentre la riva sinistra mostra evidenti segni di "civilizzazione", come la strada statale e alcune file di case molto colorate.

Al km 7 si distende alla nostra destra un

Il maestoso Danubio nei pressi di Grein.

laghetto, normalmente assediato da pescatori impegnati a districarsi con canne e cestini, come d'altronde spessissimo si vede lungo tutto il corso del Danubio, eccellente riserva di pesca. Sul lato opposto si erge la cittadina di **St. Nikola**, con le sue belle case colorate che si stagliano nettamente e la notevole **chiesa dei Marinai**, mentre sul lato destro – quello che piacevolmente stiamo percorrendo – nulla di tutto ciò, solo papere e uccelli vari. E adesso il fiume effettivamente è molto bello perché è tornato a correre incassato. Pace, natura, piacere immenso.

Le oche: gli uccelli più facili da incontrare.

Al km 7,5 si trova ormeggiata una pseudo-barca dei pirati che, sotto l'aggressivo vessillo del Jolly Roger (la classica bandiera nera con il teschio e le tibie incrociate), offre un ben più distensivo ristoro ai ciclisti; subito a fianco c'è un'**area per picnic**. Si prosegue sotto gli alberi: si ode il gracidare delle rane, la pista è completamente all'ombra e questo è un grande vantaggio, anche perché qui – quando il tempo è bello – il sole picchia. Siamo a ridosso delle pendici di colline che incombono sul fiume: non c'è proprio spazio per la costruzione di alcun edificio. Data la presenza di molte piante, alcuni stagni, molta ombra (e la conseguente umidità), non è certo raro imbattersi in nubi di fastidiosi moscerini: è veramente importante avere degli occhiali da sole protettivi. Assieme ai pantaloncini imbottiti e ai guanti sono

© Günter Schön

Pescatore al tramonto.

l'oggetto maggiormente consigliato (vedi la voce **indumenti** nell'introduzione). Al km 12,1 si entra in un vero e proprio tunnel di verde, l'asfalto è ottimo e al km 12,7 ecco apparire **Freyenstein** (Gasthof Zur Ruine Freyenstein, tel. 07471.2272), un borgo (con rovine di un importante **castello**) con **area giochi per bambini**, ponte e poi, dopo 200 m, in corrispondenza della prima strada che proviene da destra, ecco il rilevamento GPS **(GPS ⑲: x 496.696; y 5.339.221)**.

St. Nikola an der Donau.

La strada ora è a grandi blocchi di cemento, abbastanza larga, in promiscuità con le macchine. I giunti dei blocchi creano un leggero fastidio ma non eccessivo, dato che sono ben uniti tra loro da catrame.
Al km 14,7 si giunge al piccolo paese di **Willersbach**, dotato di pensione con annesso campeggio (Gasthof und Campingplatz Krenn, Willersbach 40, tel. 07412.52678, christine.krenn@aon.at).

St. Nikola e Babbo Natale

La cittadina di St. Nikola an der Donau, come si intuisce, prende il nome da San Nicola. Questa importante figura della storia della religione cristiana è assurta alla celebrità in tempi relativamente recenti, ma la sua storia ha radici profonde. San Nicola nacque nel 260 d.C. a Myra da una ricca famiglia turca. I suoi genitori morirono di peste lasciandolo orfano. All'età di diciassette anni abbracciò la fede e scelse di utilizzare l'eredità per curare i bambini, i poveri e i malati. Pochi anni dopo, grazie alla fama acquisita, divenne arcivescovo. Un arcivescovo volutamente privo di ricchezze e paramenti ufficiali che, come segni distintivi portava solo un cappello rosso e una lunga barba bianca. Sotto Diocleziano fu perseguitato e imprigionato. Scampò la morte nelle carceri e riuscì a partecipare al Concilio di Nicea del 325. Morì qualche anno più tardi, il 6 dicembre del 343. La data della sua morte divenne una festa del calendario cristiano: la collocazione così a ridosso del Natale, fece sì che la figura di questo santo portatore di doni venisse associata in alcuni paesi dell'Europa settentrionale alla nascita di Cristo e, così, San Nicola divenne Babbo Natale.
A St. Nikola an der Donau, il santo viene festeggiato il 6 dicembre secondo un'antica tradizione viva dal 1881. La comunità dapprima si riunisce nella chiesa per la messa solenne, poi, in processione, raggiunge gli argini del Danubio. Il fiume è affollato da barche e barchini, sui quali adulti, ma soprattutto bambini, attendono l'arrivo dell'imbarcazione che trasporta San Nicola. Il culmine della festa coincide con l'arrivo del santo che, attraversato il fiume attracca sulle sue rive per distribuire i dolci e i regali che porta in un grande sacco.

Willersbach-Krummnuss. 19,6 km

Passau — Linz — Melk — Vienna

■ **Willersbach → Persenbeug** [7,3 km]

Dopo 500 m si esce definitivamente dal paesino di Willersbach disteso sulla riva sinistra del Danubio.

Al km 0,7 si incontra un'**area per picnic**. Sotto i nostri occhi il fiume ha subito ora un altro dei suoi innumerevoli mutamenti: è incredibile come offra aspetti e facce continuamente diversi, come condizioni i panorami e come a sua volta ne sia suggestionato. Come un novello Fregoli si veste e si spoglia di colline, di picchi, di castelli, poi si trasforma in un pigro e placido corso d'acqua da pianura piatta e uniforme – quasi padana – con ampi rettilinei, subito dopo ridiventa stretto e impetuoso, caratterizzato da anse e spire da serpente velenoso, quindi si trasforma in un vischioso Mekong, informe ammasso liquido, un mare di acqua dolce. Il suo morbido mantello poi conosce tutte le sfumature della tavolozza del creato: col sole è cristallino, vivido, cangiante dal blu cobalto al verde acquamarina, mentre in altre occasioni appare plumbeo, terreo, addirittura marrone.

Questo è il momento di un nuovo abito: uno, due, tre *et voilà*... dimenticati i gorghi e le anse della Strudengau, in pochi chilometri è tornato a essere un fiume borghese e tranquillo, che corre verso la foce

ph Claudio Pedroni

Tre ruote... due ciclisti!

con distaccata sobrietà, senza più l'enfasi e la freschezza di qualche chilometro fa. Dopo 2 km altra **area per picnic** sulla sinistra con bella vista sul Danubio. In questa zona è consueto vedere corvi che svolazzano sopra i ciclisti: non preoccupatevi, non è un segnale di malaugurio!

La strada continua a essere condivisa con le poche macchine e il fondo è sempre a blocchi di cemento, ma la sede è larga e spaziosa: si pedala che è un piacere. Al km

12
Nochling
533
BRUCKLEITEN
Kl. Ysper
Gr. Ysper
Niederndorf
Mitterndorf
481
277
GEISBRUCK
Tiefenbach
VIEHTRIFT
S T R U D E N G A U
Ysper
378
Rottenberg
FREIGERICHT
Kalkgrub
Isperdorf
453
Weinser Mühlberg
Weins
240
2,0 km
Willersbach
Willersb.
GRABEN
Ybbser B.
553
Teuch
227
7,3 km
DONAULEITEN
Hengstberg
571
429
Grub
HENGSTBERG
Bernau
538
402
Scheiterbichl
312
St. Martin a. Ybbsfelde
Ess
Donau
Donaudorf
Marienhöhe
21
Roßberg
Reitern
Schralreith
Theinstelten
Windhof
281
Reitering
Pfaffenberg
Karlsbach
Teichbachl
Groß--mitterberg
Doberg
462
Knogl
Priel
Fürholz
Doberg
Kalz
Rottenhof
Rosenbichl
Forsthub
Rehberg
Persenbeug
222
Gottsdorf
224
4,0 km
Ybbs an der Donau
Griesheimer B.
Berging
Griesheim
Gottsbach
Unterau
Au
22
Neusarling
Ybbs
Hagsdorf
Unterhaus
Kleiner Mühlberg
508
Großer Mühlberg
508
N I B E L U N G E N G A U
483
Eichberg
Lojabach
Loja
Metzling
Kracking
Auratsberg
Hinterbrühl
Steinbach
Maria Taferl
Schaufel
443
Krummnußbaum a. d. Donauuferbahn
Marbach an der Donau
215
4,0 km
Granz
2,7 km
220
Wallenbach
Krummnußbaum
Annastift
219
Neuda
Diedersdorf
226
Steinbründl
Neustift
309
Golling an der Erlauf
222
Säusenstein
253
5,6 km
Holzern
342
Sittenberg
Sittenberg
Wolfring
Ratzenberg
Aigen
Reist
Untereichen
Wolfsgrub
306
Mitterndorf
250
Sarling
Obereichen
Kolm
Plaika
252
Erlauf
Thalling
Berging

5,4 ecco un'altra **area per picnic** e cominciano ad apparire le indicazioni per la vicina città di Ybbs e il suo Museo della bicicletta. La ciclabile abbandona momentaneamente il fiume. Al km 6,2 appare il cartello comunale di **Ybbs an der Donau** e a circa 1 km si erge la possente mole del **castello di Persenbeug**, sul lato opposto (quindi quello sinistro), proprio di fronte a Ybbs.

Al km 7,3 si arriva a un'ennesima centrale idroelettrica (di **Persenbeug-Ybbs**) e al conseguente bivio **(GPS ⑳: x 504.848; y 5.337.051)**, a sinistra chi vuole percorrere il viadotto e seguire il lato sinistro del Danubio per la città di Persenbeug, continua dritto invece chi vuole andare a Pöchlarn e Melk. Consigliamo questo lato (ma prima una visita – anche sommaria – a **Persenbeug** e al suo castello).

■ Persenbeug → Ybbs centro [2 km]

Giunti alla centrale idroelettrica, e lasciando perdere la possibile deviazione per Persenbeug, si punta dritti per Ybbs sempre sulla sponda destra. Bisogna prestare grande attenzione poiché la pista si trasferisce dal lato destro al lato sinistro della strada – molto trafficata – e quindi si deve affrontare un **attraversamento pericoloso** (!). Dopo 100 m si incontra un comodissimo **ufficio informazioni ciclistico** della città di Ybbs (Rad-Infostelle,

Il castello di Persenbeug.

Persenbeug [2059,5 - sinistra]

Marktgemeindeamt, Rathausplatz 1, tel. 07412.52206, gde.persenbeug@wvnet.at

Gasthof Böhm, Hauptstrasse 16, tel. 07412.58930, info@gasthof-boehm.at

Zimmer Hochstöger, Pappelstrasse 3, tel. 07412.53515

Zimmer Slawitscheck, Niebelungenstrasse 62, tel. 07412.58955

Da vedere

Il **castello di Persenbeug**, costruito nel X secolo e rifatto agli inizi del XVII, che presenta sfarzosi interni barocchi. Ci ha soggiornato Napoleone Francesco Giuseppe (il Re di Roma), figlio di Napoleone, e nel 1887 vi è nato Carlo d'Asburgo. Il **centro storico** del paese, con alcune caratteristiche case in stile Biedermeier. La **chiesa parrocchiale di S. Floriano e Massimiliano**, del XVI secolo.

Ybbs an der Donau.

tel. 07412.55233). Dopo 300 m si abbandona definitivamente la strada trafficata, si piega a sinistra e si trova una **discesa molto ripida**: a tutta velocità si attraversano i binari della ferrovia in curva verso destra (!). Qui si giunge nuovamente sul Danubio, che avevamo abbandonato da circa 2 km.

Dopo la picchiata in discesa ora la pista corre piacevolmente all'interno di un grande parco tra fiori, prati e innumere-

Ybbs an der Donau [2058 - sinistra]

Informazioni cittadine, Tourismus-Information, Hauptplatz 1, tel. 07412.52612, stadtgemeinde@ybbs.at; www.ybbs.at

Informazioni ciclistiche, Rad-Infostelle, 100 m dopo il ponte per Persenbeug, tel. 07412.55233

Pfaffeneder, Wiener Strasse 38, tel. 07412.52492

Gasthof Zum braunen Hirschen, Rathausgasse 9, tel. 07412.52245, braunerhirsch@aon.at

Gasthof Fischerhaus, Strauwerkstrasse 71, tel. 07412.56435

Gasthof Zur Stadt Linz, Strauwerkstrasse 29, tel. 07412.52445

Gasthof Pizzeria da Giovanni, Schiffmeisterplatz 6, tel. 07412.56980

Zimmer Weber, Trewaldstrasse 13, tel. 07412.58957

Zimmer Fleischerei Moser, Strauwerkstrasse 3, tel. 07412.52434

Da vedere

Il **centro cittadino** con le sue case rinascimentali; Ybbs era un'antica fortezza romana e medievale, tanto che ci sono ancora importanti resti di mura.

La **chiesa di St. Lawrence**, XV secolo, con un interessante pulpito e un organo degno di nota.

Il **Museo della bicicletta** (vedi scheda pag. successiva).

Veduta della città.

Il Fahrradmuseum di Ybbs

A Ybbs an der Donau, si trova un piccolo museo della bicicletta. Le sale di questo museo, allestite con molta cura, presentano una collezione che non mancherà di deliziare gli appassionati del mondo del pedale di ogni età e provenienza. Il museo presenta infatti il meglio della storia della bicicletta degli ultimi due secoli. Dai primi bicicli alle safety bike di origine inglese, passando per modelli di vario tipo prodotti in Austria, Germania, Francia e Stati Uniti d'America. Un viaggio nella storia della bicicletta che va dal 1820 al 1970.

Una particolare attenzione è riservata alle Waffenräder, biciclette militari qui presenti in numerosi modelli originali. Completano l'esposizione foto storiche, manifesti, bandierine e cataloghi tutti rigorosamente riferiti al mondo delle due ruote.

Apertura: dai primi di maggio a fine settembre. Per informazioni: tel. 07412/52612/200.

voli panchine, proprio una piacevole passeggiata.

Continuano ad apparire numerose indicazioni per il Museo della bicicletta. C'è un bivio ma si continua dritti puntando verso i tetti della città di Ybbs, che teniamo alla destra.

Al km 1,7 si trova il grande approdo municipale di **Ybbs**. Al km 1,8 una ruota anteriore segnala l'ingresso del **Museo della bicicletta** di Ybbs, filologicamente situa-

Bacheca all'ingresso del Museo della bicicletta.

to lungo la pista ciclabile. La pista tende ad aggirare la città lasciandola alla sua destra, ma vale certamente la pena di fare una visita alla scoperta del centro storico.

Ybbs an der Donau.

■ **Ybbs centro → Krummnussbaun** [10,3 km] Adesso la pista corre su un terrapieno con aiuole profumate, quindi per un paio di centinaia di metri diventa promiscua, ma subito dopo torna a essere una vera e propria pista ciclabile, sempre con la città alla destra.

Secca curva a 90 gradi, 50 m dopo si arriva a una stradina, si attraversa un ponte e si trova un **attraversamento pericoloso** (!). La ciclabile ora si è allontanata dal

Danubio. Al km 0,6 si passa a fianco di orti e siepi dove, soprattutto la sera, c'è un continuo andirivieni di persone che seminano e raccolgono ortaggi e verdura: la zona è periferica ed è caratterizzata da un'atmosfera un po' particolare, in un quartiere ad altissima frequentazione di extracomunitari, con donne velate. Al km 0,7 curva secca a sinistra e poi subito a destra, quindi c'è l'**attraversamento** di una strada (!).

Pittura murale.

Dopo 1 km la pista confluisce in un grande stradone di periferia con alcuni centri commerciali, grandi magazzini, pompe di benzina; è comunque sempre ben separata dalla carreggiata e corre alla sua sinistra con il ben noto (e inquietante) effetto di vedersi venire incontro le macchine, che sembrerebbero intenzionate a stirare i ciclisti. Lungo questo tratto, dal km 1,2 al km 1,5, da segnalare **due attraversamenti pericolosi** di strade laterali, poi al km 1,7, altro **attraversamento pericoloso**, poco prima di superare un ponticello (!).

Si continua sempre dritti, a fianco della strada parecchio trafficata, ora ingentilita dal fragante profumo proveniente da un deposito di legname.

Finalmente al km 2,1 appare il ponte sul fiume Ybbs **(GPS ㉑ : x 507.057; y: 5.334.686)**; una volta oltrepassato il corso d'acqua si gira subito a destra, al km 2,2.

Per fortuna i tratti brutti della ciclabile durano molto poco, e in effetti ora la pi-

ph Claudio Pedroni

Bimbi al seguito!

sta scende dolcemente costeggiando il fiume Ybbs e puntando verso il Danubio.

Al km 2,6 si presenta improvvisa una ripida discesa, proprio in corrispondenza di un sottopasso ferroviario con curva a destra: essendo in discesa, in curva e in un tratto abbastanza stretto, può risultare **pericolosa** (!).

Al km 3,1 si raggiunge nuovamente il fiume e, come spesso succede durante la Donauradweg, subito si materializza una bella **area per picnic** ben fornita con quattro tavoli.

Si torna a essere nuovamente immersi nella natura, abbandonati a se stessi e ai propri pensieri, che in bicicletta sono in continuo movimento, proprio come le gambe. L'unico legame col mondo moderno è costituito dalla ferrovia, che corre alla nostra destra.

Al km 5,4 c'è un'improvvisa rientranza: curva secca a 90 gradi sulla destra, 20 m,

La passerella sul fiume a Ybbs an der Donau.

poi a sinistra: si costeggia di nuovo la ferrovia, non si attraversano i binari ma si piega a sinistra, la si abbandona e si ritorna tra le braccia del nostro compagno di viaggio, il Danubio. Lungo la sua riva adesso spuntano panchine, soprattutto nei punti più panoramici.

Al km 6,6 si aggira un antico torrione grazie a una passerella in legno aggettante sul fiume. Passaggio suggestivo che val bene una sosta per effettuare qualche fotografia.

Ora si corre in mezzo ai campi coltivati, si sente – ovviamente a giugno – un intenso profumo di acacia e di sambuco in fiore, mentre sulla destra si perdono a vista d'occhio campi di orzo. Al km 7,7 secca curva a destra a 90 gradi e ci si riavvicina sia alla ferrovia che alla strada. Dopo 100 m appare il cartello di **Diedersdorf**, piccolo borgo rurale, tipico villaggio di campagna con intenso ma piacevole (ovviamente dipende dai gusti) odore di letame. Al km 8,2 si arriva in prossimità di un ponte proprio all'uscita di Diedersdorf,

Ybbs an der Donau.

si gira a sinistra (non si oltrepassa il ponte), poi subito a destra e la ciclabile ritrova il suo fiume.

Al km 9,5 secca curva a destra poi a sinistra e la pista continua a snodarsi tra campi coltivati, abbandonando nuovamente la sponda.

Al km 9,8 si affronta un passaggio **pericoloso** (!): la ciclabile si fonde con una strada provinciale. Ecco apparire al km

© Storto

Sulle sponde del fiume.

10,3 il cartello di **Krummnussbaun**, e subito, all'altezza della Gasthaus Schiffmaister, si deve girare a sinistra per riprendere la pista che sale sull'argine e si ricongiunge al Danubio. Si passa davanti al traghetto che collega la cittadina di Krummnussbaun con quella di **Marbach an der Donau**, sulla riva opposta.

Sull'altra riva, in alto, fa capolino, invitante, il **santuario di Maria Taferl**. Sarebbe molto interessante da visitare, ma metteteci una pietra sopra: anche se volete attraversare il fiume, è consigliato solo agli scalatori. Nel caso foste veramente appassionati d'arte o devoti alla Madonna, cercate di trovare un passaggio in macchina, a meno che non siate dei ciclisti provetti!

© S. Bohnacker

Il Santuario di Maria Taferl.

Santuario Maria Taferl

Incombe dall'alto di una splendida collina, in posizione panoramica, sulla riva sinistra di quel fiume che sembra controllare e proteggere: stiamo parlando del celebre santuario barocco di Maria Taferl, dedicato per l'appunto alla madonna Addolorata.

Fu costruito sul luogo dove – dalla metà del XVII secolo – si dice siano avvenute una trentina di apparizioni della Vergine Maria: per questo motivo venne eretta una maestosa chiesa in tipico stile barocco. All'interno è conservata una notevole statua lignea raffigurante la Madonna Addolorata.

Ancor oggi è oggetto di devozione e ambita meta per oltre duecentomila pellegrini all'anno. Dall'alto si gode di un panorama magnifico.

Krummnu.-Melk-Emmersdorf | 19,8 km

■ **Krummnussbaun→ Pöchlarn** [5,3 km] Il tratto iniziale è caratterizzato dalla presenza di lunghissimi rettilinei e da alcuni bracci d'acqua a destra della pista, dove stanziano varie colonie di uccelli.

Dopo 3,5 km si gira seccamente a destra in corrispondenza della foce del fiume **Erlauf**, dove si trovano anche alcune darsene. Rientrando di 150 m si arriva a un bivio, si volta a destra e si sale su un terrapieno, quindi appare un ponte che si attraversa su un marciapiede alla sinistra della strada. Siamo giunti al km 4 **(GPS ㉒ : x 514.388; y 5.339.749)**. Si piega subito a sinistra e al km 4,2 si rientra sul Danubio su pista bella, ampia: davanti a noi si ergono aguzzi i campanili di **Pöchlarn**.

Dopo altri 800 m siamo nella città di Pöchlarn e passiamo davanti alla grande **casa natale** del pittore **Oskar Kokoschka**, adibita a museo (ampliamente pubblicizzato lungo il percorso ciclistico); quindi si transita davanti a un'**area giochi** per ragazzi, una vera arena per lo skate-board.

La pista, come nell'attraversamento precedente della città di Ybbs, lambisce la città tenendola sulla destra; al km 5,3 chi vuole fare una visita al centro deve girare a destra e inoltrarsi per le vie centrali, altrimenti si gira leggermente a sinistra e si continua lungo il fiume. C'è il ferry-boat che collega Pöchlarn alla dirimpettaia Klein-Pöchlarn.

■ **Pöchlarn → Melk** [10,8 km] La pista è caratterizzata dalla presenza di numerose bitte, segno che una volta molte imbarcazioni attraccavano lungo il fiume. Si oltrepassa un simpatico chiosco che offre bibite e riparo con bella vista sul fiume. Può essere un'ottima occasione per dissetarsi con una Radler

La Welserturm a Pöchlarn.

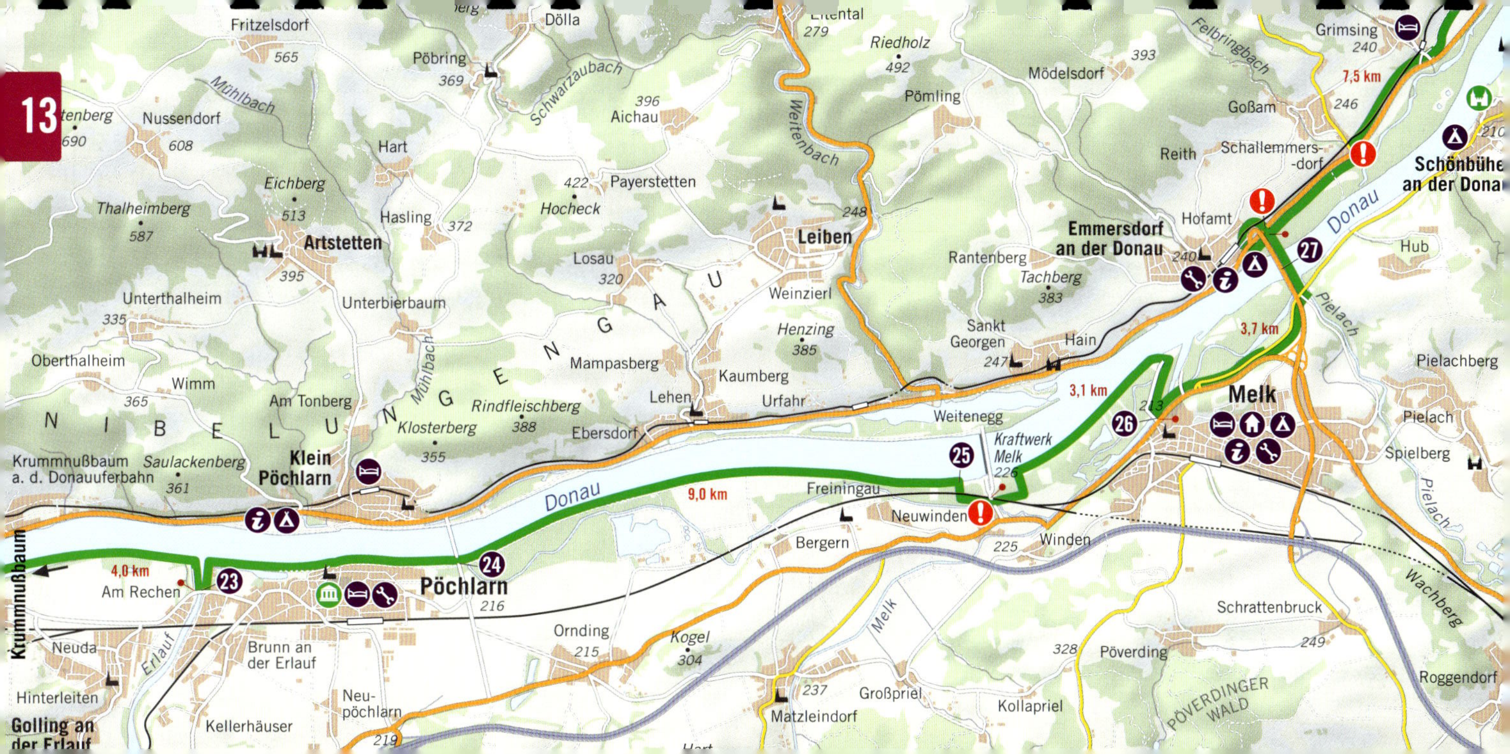
13
Fritzelsdorf
565
Dölla
Pöbring
369
Schwarzaubach
Mühlbach
Nussendorf
608
Hart
396
Aichau
Eichberg
513
Thalheimberg
587
Artstetten
395
Hasling
372
422
Hocheck
Payerstetten
Losau
320
Leiben
248
Weitenbach
279
Riedholz
492
Pömling
Mödelsdorf
393
Felbringbach
Grimsing
240
7,5 km
246
Goßam
Reith
Schallemmers-
-dorf
Schönbühel
an der Donau
Hofamt
Emmersdorf
an der Donau
240
Rantenberg
Tachberg
383
Hub
Donau
27
Pielach
3,7 km
Unterthalheim
335
Unterbierbaum
Weinzierl
Henzing
385
Sankt
Georgen
247
Hain
Oberthalheim
Wimm
365
Am Tonberg
Mampasberg
Kaumberg
Urfahr
Lehen
Rindfleischberg
388
Klosterberg
355
Mühlbach
Ebersdorf
N I B E L U N G E N G A U
3,1 km
Weitenegg
Kraftwerk
Melk
226
213
25
26
Melk
Pielachberg
Pielach
Spielberg
Krummnußbaum
a. d. Donauuferbahn
Saulackenberg
361
Klein
Pöchlarn
Donau
9,0 km
Freiningau
Neuwinden
Bergern
225
Winden
Krummnußbaum
4,0 km
Am Rechen
23
24
Pöchlarn
216
Ornding
215
Kogel
304
Melk
Wachberg
Schrattenbruck
249
328
Pöverding
Neuda
Erlauf
Brunn an
der Erlauf
Neu-
pöchlarn
237
Matzleindorf
Großpriel
Kollapriel
PÖVERDINGER
WALD
Roggendorf
Hinterleiten
Kellerhäuser
Golling an
der Erlauf
219

Pöchlarn [2045 - destra]

Fremdenverkehrsstelle, Regensburestrasse 11, tel. 02757.2310, stadtgemeinde@poechlarn.at; www.poechlarn.at

Zweiradcenter Pichler, Eisenstrasse 2, tel. 02757.2456, fax 02757.2456-4

Traghetto per Klein-Pöchlarn (orari: lun-sab 4.30-21, dom e festivi 6-21)

Naturfreunde Bootshaus Pöchlarn (max 10 persone), tel. 02757.3277

Rudeverein Pöchlarn, tel. 02757.3197

Hotel Moser, Bahnhofplatz 3, tel. 02757.2448, fax 02757.2833, reception@hotelmoser.at; www.hotelmoser.at

Gasthof Futtertrögl, Kirkenplatz 2, tel. 02757.2395

Gasthof Scheichelbauer, Wiener Strasse 15, tel. 02757.2367

Pension Haus Barbara, Wiener Strasse 4, tel. 02757.2321, pension_barbara@everyday.com

Zimmer Kronawetter, Bahnstrasse 13, tel. 02757.4526

Zimmer Schmoll, Rüdigerstrasse 28, tel. 02757.8490

Da vedere

Il **Museo Oskar Kokoschka** (Regensburger Strasse 29, orari: maggio-ottobre 9-12 e 14-17), casa natale del pittore con ricordi e opere del famoso artista espressionista. La **Welserturm**, bastione medievale che ospita un'esposizione archeologica. La **chiesa parrocchiale Mariä Himmelfahrt**, originariamente gotica e trasformata in stile barocco nel XVIII secolo, con pale del noto artista austriaco Krenser Schmidt. La **Marienbrunnen**, fontana davanti alla chiesa parrocchiale. Le **mura** parzialmente conservate della fortificazione medievale di questa cittadina, che è di fondazione romana (Arlape).

Panoramica di Melk.

(mezza birra e mezza limonata, la bevanda del ciclista!). Al km 0,6 si passa sotto il grande ponte che collega le due sponde **(GPS ㉓ : x 517.190; y 5.340.069).**
Si fiancheggia il muro di una grande fabbrica che riporta un immenso dipinto murale lungo almeno 300 m (la visione da un'imbarcazione dev'essere spettacolare!) ispirato all'articolata storia del Danubio, popolata da cavalieri, re, saghe medievali, Nibelunghi, troni, incorona-

L'abbazia di Melk.

zioni, insomma la summa di tutto ciò che è il mito della Mitteleuropa, con il suo intreccio di decisive contaminazioni tra cultura tedesca, magiara, slava, romanza, ebraica.
Ora il tratto di pista è scoperto, senza alberi, la tipica alzaia utilizzata dalle bestie da soma per il trasporto delle chiatte controcorrente.
Al km 2,5 appare il grande cartello che segnala la presenza, tra 4 km, della **centrale idroelettrica di Melk**. Già da distante si vede ergersi, imperiosa, la famosissima **abbazia di Melk** – probabilmente la più importante di tutta l'Austria. Enorme, larga, possente, rosa, sovrasta e domina il paesaggio circostante, quasi messo a soggezione da cotanto aspetto.
Lungo questi lunghi rettilinei capita di condividere la pista con alcuni pattinatori: il pattinaggio su strada, utilizzato anche come mezzo di spostamento su distanze medio-lunghe, è uno sport abbastanza diffuso a queste latitudini. Si nota la caratteristica cadenza *en danseuse* ritmata e leggermente disarticolata, che a volte rende difficile il sorpasso: avere un campanello in questo caso è indispensabile!
Al km 6,9 si piega nettamente a destra in corrispondenza della struttura della diga: breve discesa, sottopassaggio ferroviario, e

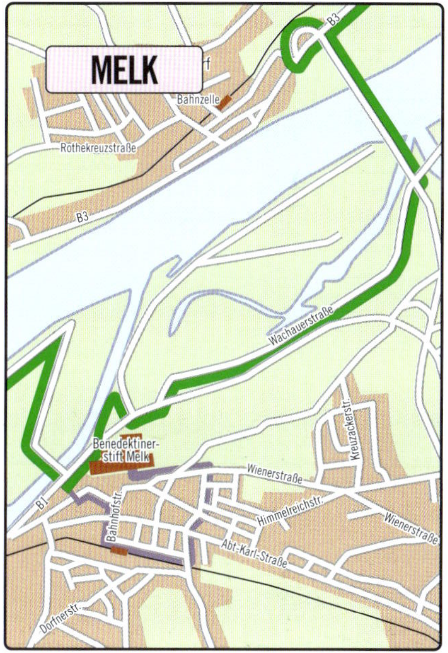

Radler: birra e limonata

Narra la leggenda che in una torrida estate degli anni Trenta una delle maggiori birrerie della Baviera non avesse birra sufficiente per dissetare un nutrito gruppo di ciclisti giunti da Monaco in bicicletta. Il mastro birraio non si perse di animo ed ebbe un'idea semplice ma geniale: allungare la birra con limonata fresca, in rapporto 1 a 1.

Alla prima sorsata si scatenò l'entusiasmo generale e venne immediatamente eletta come bibita ideale per rinfrescare e tonificare, e quindi battezzata Radler (in tedesco significa ciclista).

Da allora la Radler è diventata la bevanda preferita da coloro che intendono dissetarsi, soprattutto dopo o durante uno sforzo prolungato, anche per il fatto che il bassissimo contenuto alcolico consente di riempire il boccale senza alcuna preoccupazione.

Il gusto tendenzialmente dolce della limonata si coniuga perfettamente con l'amaro della birra, creando un giusto equilibrio e una piacevole sorpresa per il vostro palato.

Se gli esteti del luppolo dovessero avere qualche dubbio, prima di appoggiare le labbra sulla schiuma della Radler consigliamo vivamente di abbandonare qualsiasi scrupolo filologico e di lasciarsi rapire dal sottile piacere di farsi dissetare da questo straordinario miscuglio.

Il centro della città.

al km 7,1 si gira a sinistra. Ora la strada si incunea tra gli alberi; si incontra uno stop, si gira a sinistra e si confluisce per pochi metri su una strada con un po' di traffico (!), poi si effettua un sottopassaggio **(GPS ㉔ : x 522.659; y 5.340.893)** e quindi al km 7,6 si arriva a un bivio. Andando dritti si oltrepassa la diga, si ritorna leggermente indietro percorrendo una piccola penisola di circa 3 km sul fiume e poi ci si immette sulla sponda sinistra e si

Melk [2036 - destra]

La città di Melk è sovrastata dall'imponente e colossale monastero-fortezza che la domina e pare proteggerla: è certamente una delle soste irrinunciabili. Fondata nel 1089 e più volte ricostruita, l'abbazia benedettina è uno degli esempi architettonici più alti dell'arte e dell'architettura austriache. È assai nota nella letteratura italiana contemporanea grazie al co-protagonista – nonché voce narrante – del celeberrimo romanzo di Umberto Eco, *Il nome della rosa*, Adso di Melk, aiutante del dotto frate Guglielmo da Baskerville.
L'**abbazia benedettina** (Abt Berthold Dietmayr Strasse 1, tel. 02752.555-232, www.stiftmelk.at; orari: marzo, ottobre e novembre 9-17, da maggio a settembre 9-18) domina la città e dalla sua **terrazza** si gode un magnifico panorama. L'enorme **chiesa del monastero**, dalla splendida facciata,è racchiusa tra gli altri edifici dell'abbazia, ma le guglie gemelle e la poderosa cupola svettano maestose. L'interno è di un barocco quasi imbarazzante ma molto suggestivo: degno di attenzione l'altare maggiore. Altri edifici notevoli sono la **biblioteca** e la **sala degli specchi** (ambedue presentano affreschi prospettici che danno l'impressione di una maggiore altezza) e gli **appartamenti imperiali** (che ospitarono anche Napoleone), ora adibiti a museo.
Seppure schiacciato dal peso della storia e dal ruolo giocato dall'abbazia nel corso dei secoli, il bel centro di Melk offre splendide case con facciate barocche, l'**Hauptplatz** con fontana settecentesca, la **Rathausplatz**, con il bel municipio, la zona pedonale e la stupenda facciata dell'**Altes Posthaus.**
Da non perdere i Melker Sommerspiele – da metà luglio a metà agosto –, rappresentazioni teatrali all'aperto, e a maggio i concerti barocchi ospitati nell'abbazia.

Touristen-Information, Babenbergerstrasse 1, tel. 02752.52307, touristinfo@stadt-melk.at o melk@smaragd.at

Fam. Wagner, tel. 02752.52432
ÖAMTC, tel. 02752.52425

Melker Fährhaus Jensch, Kolomaniau 3, tel. 02752.53291

Jugendherberge, Abt-Karl-Strasse 42, tel. 02752.52681, melk@noejhw.at

Hotel Wachau, Wachberg 157, tel. 02752.52531

Gasthof Goldener Stern, Sterngasse 17, tel. 02752.52214

Hotel Wachauerhof, Wiener Strasse 30, tel. 02752.52235

Gasthof Goldener Hirsch, Rathausplatz 13, tel. 02752.52257

Gasthof Weisses Lamm, Linzer Strasse 7, tel. 02752.54085

Pension Stiftblick, Herberge Zum Göttlichen Erlöser, Abt-Karl-Strasse 13, tel. 02752.52346

Il sole tramonta dietro i rilievi di Melk.

continua per Emmersdorf (evitando Melk). Voi invece girate a destra e proseguite dritti in direzione di Melk. Consigliamo senza esitazioni questa strada.
Si costeggiano i binari della ferrovia e poi – al km 7,9 – si abbandonano girando seccamente a sinistra. Al km 8,2 si trova un bivio, si gira a destra e si torna sul Danubio, nuovamente all'interno di un grande bosco. Appaiono grandi frecce per Melk: è impossibile perdersi.

Ora si pedala su un alto argine, ma al km 8,8 lo si abbandona (discesa breve ma intensa) e ci si porta al livello del fiume. Si vedono i vari moli d'attracco della cittadina di Melk. Al km 10,1 si abbandona il fiume con un'ampia curva a destra e si corre su una strada secondaria con fondo stradale in grandi blocchi di cemento. Al km 10,6 la strada gira a sinistra e si passa proprio sotto l'imponente mole dello **Stift**, la grande e bellissima abbazia benedettina: vista da sotto è ancora più massiccia. Al km 10,8 si attraversa il ponte in ferro che introduce alle porte del **centro storico (GPS ㉕ : x 524.367; y: 5.341.770)**.

■ **Melk → Emmersdorf** [3,7 km] Si riparte da Melk costeggiando la grande abbazia benedettina, vero punto focale della cittadina. Si corre su pista che si snoda sopra un marciapiede lungo la statale. Dopo 120 m c'è un attraversamento pedonale e la pista si separa dalla strada.
Al km 0,4 la pista descrive un'ampia curva a 180 gradi, c'è un brevissimo strappo in salita e ci si riaffaccia sulla statale, pur pedalando sempre separati dalla sede stradale. Al km 0,7 si trova un'**area per picnic** e la pista

L'abbazia barocca che sovrasta la città.

Cortile interno dell'abbazia.

ora si inserisce a sandwich tra due strade, una a destra che va in salita e un'altra a sinistra: in mezzo noi ciclisti, beatamente su pista asfaltata.
Al km 2,2 si arriva a un bivio: chi vuole continuare sul lato destro (assolutamente sconsigliato) va dritto, chi vuole invece recarsi sulla sponda sinistra deve girare a destra e affrontare lo svincolo per superare il grande ponte sul Danubio.
Purtroppo mettetevi l'anima in pace: dovete affrontare 200 m di strappo durissimo, con pendenza attorno al 14%. Smontate senza indugi e spingete la bici: tutto ciò non intacca il vostro valore di ciclisti! Al km 2,5 si imbocca il grande ponte di Melk, lungo circa 1 km. A metà ponte **(GPS ㉖ : x 525.663; y 5.343.167)** ci fermiamo a osservare scorrere sotto di noi un fiume enorme, ampissimo. Inizia la discesa, sempre a fianco dello stradone, e al km 3,7 si arriva all'incrocio con la statale, che si deve oltrepassare con un **attraversamento pericoloso** (!). In corrispondenza dell'attraversamento c'è un chiosco **informazioni** molto grande della città di **Emmersdorf**.

Oscar Kokoschka

Nasce nel 1886 a Pöchlarn, la sua formazione passa attraverso lo studio del disegno e delle arti figurative e avviene nell'ambito della Secessione viennese – capeggiata da Gustav Klimt – per poi sfociare pienamente nel campo dell'espressionismo, di cui viene considerato uno dei principali maestri.
È nel secondo decennio del XX secolo che compone le sue opere più importanti, forti, caratterizzate da colori vividi e pennellate graffianti. Nei decenni successivi Kokoschka si dedica alla pittura di paesaggi, memorie e divagazioni sui suoi viaggi, moltissimi e significativi ritratti, utilizzando colori più morbidi, tenui. Muore in Svizzera – nei pressi del lago di Ginevra – nel 1980.

Emmersdorf-Spitz 16,3 km

Passau — Linz — Melk — Vienna

■ Emmersdorf→Aggsbach Markt [7,5 km]

Una volta attraversata la statale (ora siamo sul lato destro), dopo 100 m si passa sotto il grande ponte appena attraversato. Ricordiamo che il lato destro della Wachau, la splendida valle in cui stiamo per entrare e che ci porta direttamente a Krems, non è attrezzato con pista ciclabile e pertanto tutto lo splendido e indimenticabile percorso si svolge, per forza di cose, lungo la sponda sinistra del Danubio, a meno che un ciclista curioso – e masochista – non voglia affrontare la statale sulla riva opposta. Liberi di farlo, ma assolutamente sconsigliato.

Al momento si pedala sempre a fianco della strada statale ma su carreggiata totalmente separata da un terrapieno di erba di circa 2 m: ci si trova più bassi di circa 30 centimetri rispetto alla sede stradale.

Non è infrequente incrociare con lo sguardo pullman turistici con rimorchi e portabiciclette: sono le grandi agenzie turistiche – soprattutto tedesche, ma non solo – che organizzano viaggi per cicloturisti garantendo la prenotazione tappa per tappa: stiamo entrando nella zona calda, in piena Wachau!

Al km 1,1 troviamo il cartello di Schallemmersdorf, zona ancora abbastanza industriale. Al km 1,3 **attraversamento pericoloso** (!) della strada abbastanza trafficata e ci si porta dal lato destro a quello sinistro. Si oltrepassa un ponte in mattoni e poi la pista si affianca alla strada.

Al km 2,6 la ciclabile piega leggermente a sinistra e abbandona momentaneamente la sede della statale: siamo all'altezza della località di **Grimsing** e cominciano a vedersi i primi grandi frutteti.

In pratica si può affermare che la dolce e bella **Wachau** comincia proprio qui ed ef-

Pedalando verso Aggsbach Markt.

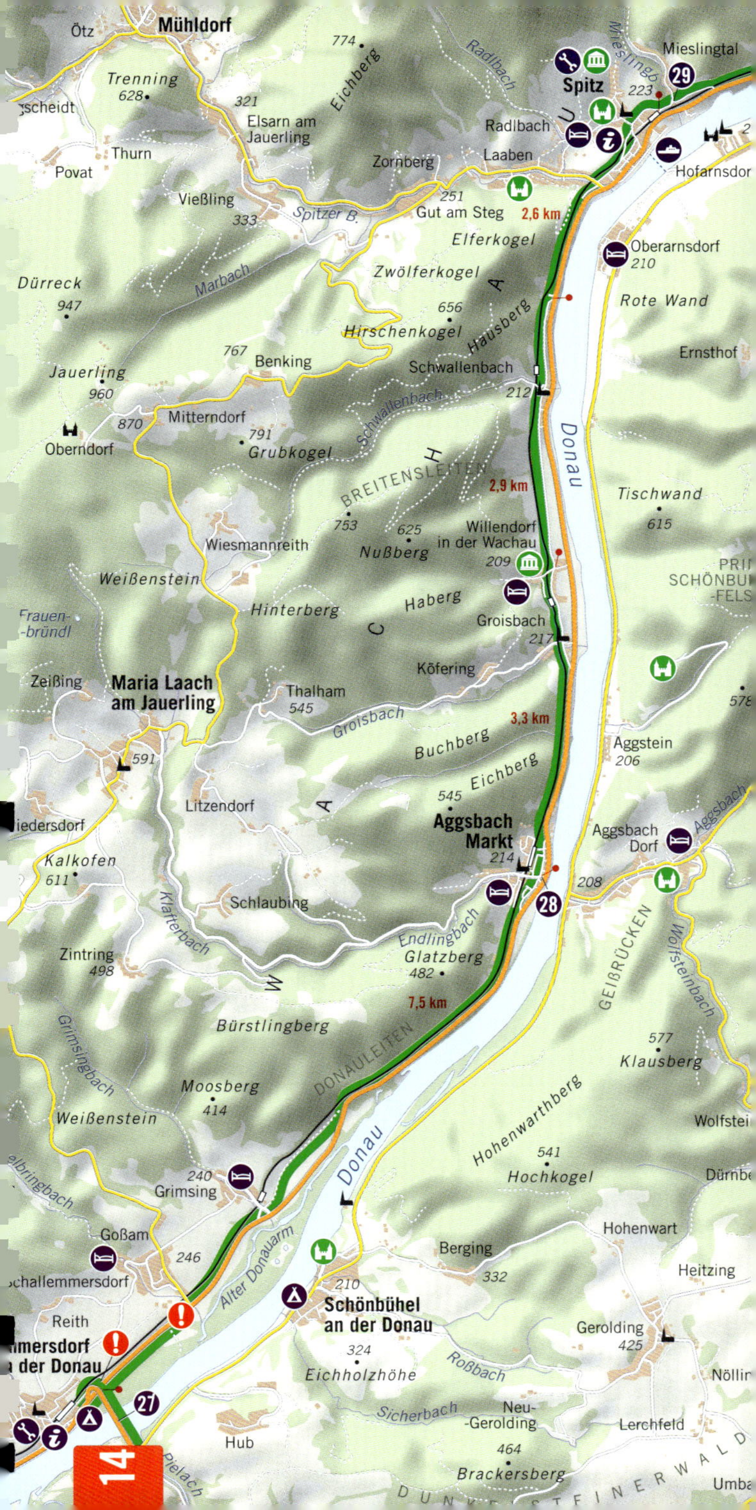

Ötz
Mühldorf
774
Eichberg
Radlbach
Mieslingb.
Mieslingtal
Spitz
29
223
Trenning
628
321
Elsarn am Jauerling
Radlbach
Laaben
Hofarnsdor
Thurn
Povat
Zornberg
251
Gut am Steg
2,6 km
Vießling
333
Spitzer B.
Elferkogel
Oberarnsdorf
210
Zwölferkogel
Dürreck
947
Marbach
656
Rote Wand
Hirschenkogel
Hausberg
767
Benking
Ernsthof
Jauerling
960
Schwallenbach
212
Schwallenbach
Donau
870
Mitterndorf
Oberndorf
791
Grubkogel
BREITENSLEITEN
2,9 km
Tischwand
615
753
625
Nußberg
Willendorf in der Wachau
209
Wiesmannreith
SCHÖNBU
-FELS
Weißenstein
Frauen-
-bründl
Hinterberg
Haberg
Groisbach
217
Köfering
Zeißing
Maria Laach am Jauerling
Thalham
545
Groisbach
3,3 km
591
Buchberg
Aggstein
206
545
Eichberg
Litzendorf
Aggsbach Markt
214
Aggsbach Dorf
Aggsbach
Kalkofen
611
208
28
Schlaubing
Klafterbach
Endlingbach
Glatzberg
482
Zintring
498
GEIßRÜCKEN
Wolfsteinbach
7,5 km
Bürstlingberg
577
Klausberg
Grimsingbach
DONAULEITEN
Moosberg
414
Weißenstein
Hohenwarthberg
Wolfstei
541
Hochkogel
Donau
240
Grimsing
Gobam
246
Alter Donauarm
Berging
332
Hohenwart
Heitzing
210
Schönbühel an der Donau
Reith
Gerolding
425
324
Eichholzhöhe
Roßbach
Nöllin
Sicherbach
Neu-
-Gerolding
Lerchfeld
27
Hub
464
Brackersberg
Pielach
DUNKELSTEINERWALD
14

© NÖW/Lois Lammerhuber

Il castello di Schönbühel.

fettivamente è vero, poiché di fronte a noi – sul lato destro – fa capolino il **castello di Schönbühel**, che per convenzione segna l'inizio della Wachau, quasi fosse stato costruito – nel XII secolo – a controllo e protezione di questa splendida sezione della valle del Danubio, lunga solo 36 km, spettacolarmente costellati di anse, rocche, castelli, borghi medievali, abbazie, boschi, vigneti, frutteti, reperti archeologici risalenti a migliaia di anni fa, leggende altomedievali. Tanto da rendere questo tratto certamente il più interessante di tutto il corso del Danubio, ma anche da farlo eleggere, da parte dell'Unesco, patrimonio culturale mondiale.

Il panorama qui cambia di colpo, si fa dolce e ondulato, la ciclabile abbandona definitivamente la strada e si inoltra per campi a ridosso di una collina che incombe su di noi. Ovunque spuntano grandi alberi da frutto.

Si tiene la ferrovia sulla sinistra mentre la pista, al km 4,1, continua in un tunnel verde, vera e propria foresta percorsa da continui cinguettii di uccelli, 30 m sopra la strada che corre sotto. Al km 5,3 si perde momentaneamente il privilegio di correre in posizione sopraelevata e si torna a livello della strada, sul suo lato sinistro, su un terrapieno ben separato. Si ripete l'effetto inquietante – più volte sperimentato durante il percorso – di vedersi puntare i fari delle macchine, che sembrano desiderose di investirti. Per fortuna si dimostra solo una spiacevole impressione, probabile retaggio del difficilissimo rapporto di convivenza tra macchine e biciclette.

Al km 7,1 appare il cartello di **Aggsbach Markt**, mentre il centro storico del paesino si incontra al km 7,5. Ponte su torrente **(GPS ㉗ : x 529.924; y 5.348.968)**.

Ponte su un torrente nel cuore della Wachau.

Le rovine del castello di Aggstein.

Aggsbach Markt → Spitz [8,8 km] Lasciato il paese di Aggsbach Markt la ciclabile torna a snodarsi lungo la statale fin quando – al km 2,1 – piega nettamente a sinistra: si supera un piccolo dosso e da lì si dominano i frutteti dall'alto.

Alzando la testa e guardando verso destra si distinguono vividissime sul lato opposto le rovine di **Burg Aggstein**, un castello del XII secolo eretto dalla famiglia Kuenringer. Sembra di essere dentro a una fa-

Aggsbach Markt [2027 - sinistra]

Gemeindeamt, Aggsbach Markt 48, tel. 02712.214, gdeaggsbach@netway.at; www.tiscover.at/aggsbach

Gasthof Zum Kranz, Aggsbach Markt 161, tel. 02712.210

Pension Angela, Aggsbach Markt 90, tel. 02712.541

Pension Smaragd, Aggsbach Markt 86, tel. 02712.60440

Pension Franziska, Aggsbach Markt 132, tel. 02712.371

Pension Donaublick, Aggsbach Markt 139, tel. 02712.225

Pension Imme, Aggsbach Markt 136, tel. 02712.548

Pension Mariandl, Aggsbach Markt 128, tel. 02712.716

Pension Waldesruhe, Aggsbach Markt 118, tel. 02712.204

Pension Anna, Aggsbach Markt 24, tel. 02712.253

Pension Loidol, Aggsbach Markt 114, tel. 02712.387

Da vedere

La chiesa **parrocchiale tardoromanica** (XIII secolo). Il **parco a tema Hubhof**, a 4 km di distanza, museo per famiglie all'aperto con gnomi, folletti, dinosauri e vari giochi per bambini.

I vigneti della Wachau.

vola, dato che questo manufatto sfida le leggi di gravità, appeso a uno spuntone di roccia che sembra star su per miracolo. C'è qualcosa di magico e misterioso in questa costruzione; pare che i "baroni banditi" imprigionassero i loro nemici all'interno di una cornice di roccia (il cosiddetto Rosengärtlein), dove li lasciavano morire di fame, a meno che non scegliessero una morte ben più veloce gettandosi nell'abisso sottostante.

Breve sosta nei pressi di un torrente.

Al km 2,3 si giunge nel paesino di **Groisbach**, immerso nei frutteti, tra cui fa capolino il tetto del campanile. Tante *zimmer* e tanti frutti: ospitalità in tutti i sensi. Si comincia a respirare il vero spirito della Wachau. Uscendo da Groisbach al km 2,7 si pedala tra albicocchi, peri, noci, susini e peschi. Ecco anche i primi vigneti.
Al km 2,9 si penetra nel paesino di **Willendorf**, piccolo borgo rurale baciato dalla fortuna e diventato famoso in tutto il mondo per il ritrovamento – ai primi del Novecento, durante la costruzione della linea ferroviaria – della famosa statuetta preistorica detta la **Venere di Willendorf**, diventata il simbolo della fertilità, la Madre Terra.
Effettivamente in queste zone della Wachau i primi insediamenti umani risalgono a parecchie migliaia di anni fa (attor-

Splendide fioriture lungo il bordo stradale.

no ai 22.000) e sono stati ritrovati alcuni resti di una comunità di cacciatori di mammut durante l'era glaciale.
Willendorf è il tipico paesino di campagna di queste zone, con le due solite file di case colorate che si affacciano sul corso principale. Al km 3,3 deviazione a sinistra per il **Museo dell'Età della Pietra** (orari: maggio-ottobre sab 14-15.30; dom e festivi 10-11.30 e 14-15.30). Usciti dal paesino il paesaggio diventa apertamente

collinare, dolcemente ondulato, mosso, con alberi da frutto di tutti i tipi e le colline terrazzate a vigneto. La ciclabile di conseguenza presenta dei dolci su e giù, non impegnativi ma continui (non è neppure necessario cambiare, tanto per capirci). Terrazze a perdita d'occhio sulle colline, il paesaggio è incantevole.

Al km 4,8 si attraversa la cittadina di **Schwallenbach**, dalle splendide case medievali in pietra, e cominciano a vedersi segnali di vendita di vini, le tipiche frasche con i caratteristici fiocchi bianchi e rossi (i colori dell'Austria). Usciti da Schwallenbach, al km 5,9,

La Venere di Willendorf.

La Venere di Willendorf

Della serie: come una scoperta archeologica può cambiare la vita di un paesino e far conoscere in tutto il mondo – per sempre – un nome che altrimenti sarebbe rimasto probabilmente sconosciuto. È accaduto, tra gli altri, a Rosetta con la stele, a Riace con i bronzi, a Willendorf con la Venere.

Risalente a oltre 20.000 anni fa, è diventata la più famosa scultura preistorica antropomorfa, la rappresentazione per antonomasia della Madre Terra. Scoperta dall'archeologo Josef Szombatty nel 1908 durante gli scavi per la costruzione di una ferrovia, questa piccola scultura (è alta solo 11 centimetri) dalle linee morbide e sinuose è diventata oggetto di studi approfonditi e fonte di diverse congetture e interpretazioni.

Sul suo vero significato molto si è dibattuto e tra le ipotesi più accreditate c'è quella che la considera la rappresentazione di una divinità, per l'appunto una specie di Madre Terra, a testimonianza del ruolo decisivo svolto dalla donna nella società preistorica; una sorta quindi di simbolo della fertilità.

Alcuni studiosi invece sostengono che l'estrema cura dei particolari (i capelli, le fossette sulle braccia) presuppone la volontà di una rappresentazione realistica di un vero essere femminile, anche se mancano sia il viso che i piedi. In ogni caso, comunque, questa statuetta di arenaria ci trasmette un dato certo, e cioè l'importante ruolo della donna in quella società di cacciatori e raccoglitori, visto che le forme generose suggeriscono certamente uno stile di vita sedentario e di conseguenza una condizione sociale di tutto rispetto.

Ma al di là di tutte le congetture degli studiosi ci godiamo lei, la piccola e straordinaria Venere di Willendorf, con le sue forme arcaiche e moderne, fuori dal tempo e da tutte le mode, diventata anzi modello di ispirazione per artisti e designer del XXI secolo.

Sonnenwende, Spitz

si pedala su una stradina secondaria ma totalmente priva di traffico. Siamo rialzati di una cinquantina di metri sopra il livello del Danubio, anche se al km 6,2 torniamo velocemente al livello della strada statale, su pista ciclabile. Paradossalmente è meglio pedalare lungo le stradine promiscue che passano per i campi e per i paesini, ma che di fatto non sono per niente trafficate, piuttosto che trovarsi in quella che è una pista ciclabile a tutti gli effetti ma che corre a fianco della statale, convivendo con macchine e rumori.

Al km 6,9 finisce nuovamente la pista – per fortuna – e, pedalando lungo una strada a ridosso della ferrovia, al km 7,2 si entra nella bella cittadina di **Spitz** (a sinistra si possono ammirare le rovine del bel **castello di Hinterhaus** del XIII secolo): notevole centro nel cuore della Wachau, dimostra la sua importanza presentando un fondo stradale acciottolato, non particolarmente gradito dai ciclisti.

Seguendo i cartelli segnaletici (non si può sbagliare), si passa per l'affascinante centro storico, poi al km 7,6 c'è un **attraversamento pericoloso** (!). Ovunque indicazioni di *gasthof* e di *zimmer*. Alzando lo sguardo si vede la collina (il famoso **Tausendeimerberg**, il "monte dai mille tini") che incombe sulla città con viti e terrazze a perdita d'occhio.

Al km 8,1 si giunge all'**ufficio informazioni**, mentre a destra c'è un **traghetto** per recarsi sulla sponda destra del Danubio. Quindi la pista passa sotto la ferrovia, in centro, e al km 8,5 fiancheggia la stazione ferroviaria.

Si corre sempre su una stradina promiscua con un traffico molto limitato. Al km 8,8 c'è la congiunzione della pista

Imbarco a Spitz.

Spitz an der Donau [2019 - sinistra]

Info-Stelle Spitz, Mittergasse 3/a, tel. 02713.2363, info@spitz-wachau.at; www.spitz-wachau.at

Fahrradzubehör Gurtner, Hauptstrasse 26, tel. 02713.2317, fax 02713.2317-4

Orari: aprile-settembre: lun-ven 6-21, sab-dom e festivi 7-21; ottobre-marzo lun-ven 6-19, sab 7-19, dom e festivi 8-19.

Gasthof Zur Ruine Hinterhaus, Hinterhaus 8, tel. 02713.2831

Pension Café Bruckner, Hauptstrasse 9, tel. 02713.2329

Pension Donaublick, Schopperplatz 3, tel. 02713.2552

Pension Haus Oestreicher, Hauptstrasse 26, tel. 02713.2317

Zimmer Gritsch, Kirchensteig 1, tel. 02713.2743

Zimmer Kausel, Am Hinterweg 10, tel. 02713.2514

Zimmer Datzinger, Rote Torgasse 13, tel. 02713.2493

Da vedere

La **chiesa di S. Maurizio** del XV secolo con interno a tre navate con volte a graticcio; notevole la tribuna dell'organo con belle statue degli Apostoli e la **pala dell'altare maggiore**, opera di Kremser Schmidt. È assai particolare perché il coro è fortemente deviato rispetto all'asse della chiesa.
Il **Municipio** abbellito da affreschi barocchi.
Il portale **Rotes Tor**.
Lo **Schiffahrtmuseum**, il Museo della Navigazione sul Danubio (orari: aprile-ottobre 10-12 e 14-16, dom e festivi 10-12 e 13-17), che offre un interessante *excursus* sul trasporto fluviale lungo il Danubio fin dai tempi dei romani, riservando particolare attenzione alle chiatte e alle zattere.

© NOW/Lois Lammerhuber

Vigneti, frasche e cantine: sono qui elementi ricorrenti.

con una strada laterale che viene da sinistra **(GPS ㉘ : x 531.207; y 5.357.188)** e infine, al km 9, si esce da Spitz. Si resta da soli con un'infinità di vigneti: quindi in ottima compagnia.

Vini dolci, rossi in barrique e bianchi secchi: l'Austria è attualmente il diciottesimo paese produttore di vino al mondo.

Spitz-Stein

15,8 km

Passau — Linz — Melk — Vienna

Spitz→Weissenkirchen [6,0 km] Lasciata alle nostre spalle la bella cittadina di Spitz, al km 0,4 si oltrepassa la ferrovia, si gira ovviamente a sinistra e si ritorna su pista ciclabile, in leggera discesa, stretti a sandwich tra ferrovia e statale. Si corre su un largo terrapieno-marciapiede, mentre sul fiume si osservano le chiatte. In corrispondenza del cartello che segnala il borgo di St. Michael, – al km 1,1 – la pista si restringe e quindi bisogna prestare un po' di attenzione, perché circolando su entrambe le direzioni soprattutto in piena stagione il traffico ciclistico è intenso. Problemi che in Italia non sussistono di certo! Magari ne avessimo!
La **chiesa di St. Michael** merita assolutamente una sosta, quindi all'interno del borgo si piega a sinistra e ci si trova davanti a uno strappetto, questa volta sufficientemente intenso. Ma – dato che dopo una salita c'è sempre una discesa ad aspettarci – ci godiamo la planata tra vigneti a perdita d'occhio.
Quindi al km 2,5 si entra nel pittoresco paesino di **Wösendorf**, allungato sulla strada principale; giunti alla chiesa si gira a destra, quindi al primo incrocio a sinistra. Al km 3,1 finisce il paesino e si continua su strada secondaria tra fiori, glicini, vigneti (le colline sono tutte terrazzate). Merita assolutamente fare una sosta di riflessione e di godimento.

© NÖW/K.M. Westermann

Contemplando il paesaggio a Weissenkirchen.

Al km 3,4 appare già il cartello di **Joching** (ottime cantine): ormai qui è tutto un susseguirsi di paesini e di borghi, ma l'antropizzazione del territorio non è per niente invasiva, dato che la natura, estremamente benigna in questo angolo di territorio, continua a farla da padrona assoluta. Il Danubio si trova a 50 m, ma in questa Wachau per la prima volta sta vi-

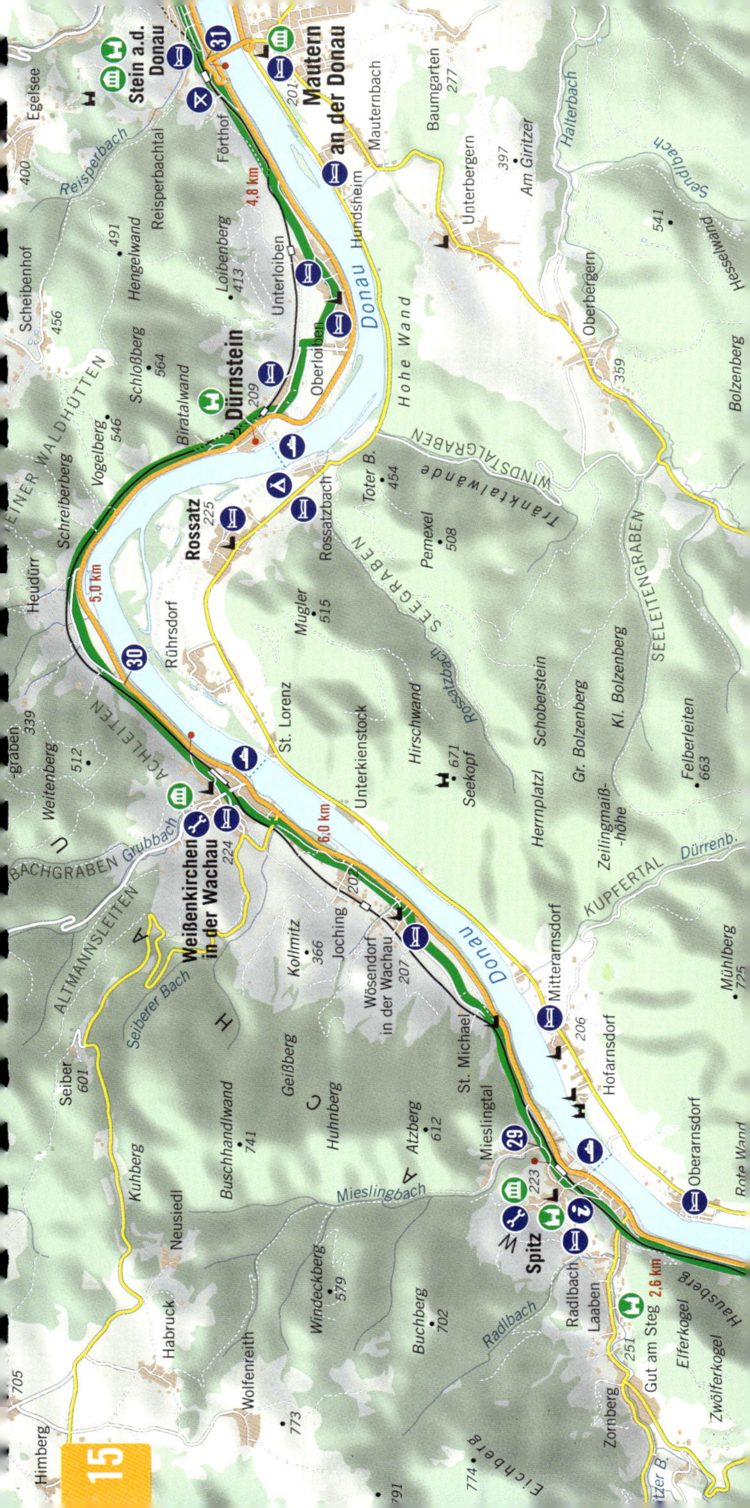
15
Stein a.d. Donau
Mautern an der Donau
Egelsee
Förthof
Reisperbach
Reisperbachtal
Mauternbach
Baumgarten
277
201
31
4,8 km
Hundsheim
Unterbergern
397
Am Giritzer
Halterbach
Sendlbach
Scheibenhof
456
491
Hengelwand
Loibenberg
413
Unterloiben
Donau
Hohe Wand
Oberbergern
541
Hesselwand
Schloßberg
564
Dürnstein
209
Oberloiben
Biratalwand
Vogelberg
546
359
Bolzenberg
Schreiberberg
Rossatz
225
Rossatzbach
Toter B.
454
Windstalgraben
Tränktalwände
Heudürr
5,0 km
Rührsdorf
Mugler
515
Pemexel
508
Seegraben
Seeleitengraben
30
St. Lorenz
Unterkienstock
Hirschwand
Rossatzbach
671
Seekopf
Schoberstein
Gr. Bolzenberg
Kl. Bolzenberg
Felberleiten
663
339
Weitenberg
512
Achleiten
Weißenkirchen in der Wachau
224
6,0 km
Herrnplatzl
Zeilingmaiß-höhe
Kupfertal
Dürrenb.
Grubbach
Altmannsleiten
Seiberer Bach
Kollmitz
366
Joching
Wösendorf in der Wachau
207
Donau
Mitterarnsdorf
206
Hofarnsdorf
Mühlberg
725
Seiber
601
Geißberg
Buschhandlwand
741
Huhnberg
St. Michael
Atzberg
612
Mieslingtal
29
223
Mieslingbach
Kuhberg
Neusiedl
Spitz
Oberarnsdorf
Rote Wand
Radlbach
Laaben
2,6 km
Hausberg
Habruck
Windeckberg
579
Buchberg
702
Radlbach
Gut am Steg
251
Elferkogel
Zwölferkogel
705
Wolfenreith
773
Zornberg
Himberg
774
Eichberg
791

vendo un ruolo quasi da comprimario, dato che non ci stanchiamo di guardarci attorno per ammirare le terrazze, i frutteti, le rovine, gli scavi archeologici. Quasi quasi ci siamo dimenticati di lui, che continua a scorrere placidamente e a trasportare chiatte e soprattutto imbarcazioni turistiche. Effettivamente questo splendido tratto del fiume lo si gode maggiormente con una breve crociera fluviale, che consente di trovarsi proprio nel mezzo del gioiello color smeraldo della natura in esplosione.

Al km 4,4 si giunge al cartello di Weissenkirchen e dopo 200 m c'è uno stop da rispettare. Siamo su strada secondaria, quindi al km 4,5 si gira a sinistra, si attraversa la ferrovia e poi si gira a destra. Curva a sinistra e poi ancora a destra. Si passa ovviamente per il centro, abbastan-

Weissenkirchen [2013 - sinistra]

Gemeindeamt, tel. 02715.2232, gem.weissenkirchen@wvnet.at; www.weissenkirchen-wachau.at

Info-tourist, Donaulände 262, tel. 02715.2600, gaesteinfo@weissenkirchen.at

Peter Machherndl, Wösendorf 119 (2 km), tel. 02715.2392

Orari: lun-ven 9-12, 13.30-18.30; sab-dom e festivi 9-18.30

Gasthof Achleitenstube, Weissenkirchen 5, tel. 02715.2540

Gasthof Weisse Rose, Weissenkirchen 24, tel. 02715.2371

Pension Heller, Weissenkirchen 14, tel. 02715.2221

Pension Schmelz, Weissenkirchen 151, tel. 02715.2272

Pension Meyer, Weissenkirchen 20, tel. 02715.2256

Zimmer Bernhard Weissenkirchen 158, tel. 02715.2827

Zimmer Lehensteiner, Weissenkirchen 7, tel. 02715.2284

Zimmer Schmelz, Weissenkirchen 79, tel. 02715.2388

Da vedere

La **chiesa parrocchiale** fortificata di **Mariae Himmelfahrt**, chiesa gotica del XV secolo

Il **Museo della Wachau** (tel. 02715.2268, Weissenkirchen 177; prezzi: adulti/studenti euro 2,20/1,10; orari: aprile-ottobre mar-dom 10-17), presso il Teisenhoferhof, bell'edificio con cortile ad arcate rinascimentali della seconda metà del XV secolo, una galleria coperta e molti fiori e pannocchie essiccate.

In vino veritas

Non storcete il naso davanti al vino austriaco, proprio adesso che vi siete appena abituati ad accettare quello californiano e cileno: è ottimo e con una lunga e gloriosa storia alle spalle. Le origini della viticoltura nella Wachau risalgono infatti ai tempi degli insediamenti celtici, ma furono i romani a far prosperare tale attività. Se nel Medioevo non sussisteva un grande interesse per la coltura della vite, nel Rinascimento invece – con la riscoperta dell'antichità e quindi anche della viticoltura – si riprese a praticarla intensamente.
La maggior parte dei vigneti della Wachau apparteneva a trentuno monasteri, molti dei quali erano ben attrezzati per la vendemmia; nel 1784 l'imperatore Giuseppe II emanò un importante decreto che permetteva ai viticoltori di vendere il vino di produzione propria, dando così vita alle tipiche mescite chiamate *buschenschank*.
Il clima mite di questa valle del Danubio e la sua terra conferiscono al vino della Wachau delle inconfondibili caratteristiche organolettiche. Poiché i pendii erano molto ripidi, ben presto vennero create le terrazze, che da secoli contraddistinguono il paesaggio.
Su questo terreno di rocce primitive prosperano soprattutto il Risling renano e il Grüner Veltiner, mentre il terreno a valle, costituito da loess, fornisce le condizioni ideali per il Neuburger e il Müller-Thurgau. Comunque, che si tratti della Himmelsstiege di Dürnstein, del Kaiserwein di Loiben, del Tausendeimerberg (monte dei mille tini) di Spitz o della Steingrube di Krems oppure del Ried Klaus, i vini della Wachau godono di fama e prestigio a livello internazionale.
Non potete mancare a una degustazione.

za ondulato e caratterizzato dalla presenza di numerosissime cantine: vale la pena di approfittare di una sosta ristoratrice e degustare un calice di buon vino, magari accompagnato dalla tipica merenda regionale (qualche assaggio di affettato e di formaggio locali). Del resto **Weissenkirchen** è il più grande comune vinicolo della Wachau. Approfittatene! C'è anche un traghetto che porta sull'altra sponda (ma voi continuate sulla sinistra, mi raccomando!).

Al km 6 si abbandona il paese effettuando una breve discesa, si attraversa la linea ferroviaria e ci si immette nuovamente sulla pista ciclabile a fianco della statale.

Weissenkirchen→Dürnstein [5,0 km] Al km 0,8 – piegando a sinistra – si abbandona la strada statale **(GPS (29) : x 535.784; y 5.361.484)** e si torna nuovamente su una simpatica strada secondaria che ci riporta in mezzo alla campagna tra alberi di pesche e albicocche (in estate nella Wachau si svolge una grande festa delle albicocche – in austriaco chiamate *marillen* – dove si celebra il trionfo di questo frutto, presentato in tutti i modi, dal ripieno per strüdel all'ottimo liquore).

Questo è un tratto in cui non ci sono centri abitati. Al km 2,4 ci si immette nuovamente sulla ciclabile al fianco della strada statale: ora la collina ci sovrasta e la linea ferroviaria corre 3 m sopra le nostre teste.

Albicocca: frutto tipico della Wachau.

Al km 4,2 si abbandona la ciclabile e appare il cartello che indica l'inizio di **Dürnstein**, piccolo borgo romantico e rinomato centro vinicolo con una lunghissima tradizione, una delle principali località della Wachau. Dopo 100 m comincia uno strappo in salita niente male, da non sottovalutare, proprio sotto le rovine del **castello di Dürnstein** che svettano dall'alto di un collina, il luogo dove nel XII secolo fu imprigionato per qualche mese anche Riccardo Cuor di Leone. Il bel paesino è inerpicato, tutto allungato sulla stretta via principale su cui si affacciano case pittoresche e i palazzi più importanti. È un centro storico molto romantico: infatti troverete torme di turisti. Il fondo stradale è, come in tutti i centri abitati antichi e degni di rispetto, in pavé... purtroppo per noi ciclisti. Il centro si trova al km 5, poi piegando seccamente a destra si può andare al traghetto per Rossatz.

Locanda nei pressi di Dürnstein.

Dürnstein→Stein [4,8 km] Al km 0,5 si abbandona la cittadina di Dürnstein passando sotto una bella e antica porta d'accesso: la netta sensazione è che la Wachau ora si stia aprendo, soprattutto le

Dürnstein [2009 - sinistra]

Chiosco Informazioni (aprile-ottobre lun-ven 13-19, sab-dom e festivi 11-19), tel. 02711.200, duernstein@aon.it; info.duernstein@aon.at; www.duernstein.at

Molo di Rossatz, tel. 02714.6355, aprile-ottobre 9-19

Gasthof Zur Bahn, Dürnstein 96, tel. 02711.357

Pension Böhemer, Dürnstein 22, tel. 02711.239

Pension Altes Rathaus, Dürnstein 26, tel. 02711.252

Zimmer Pritz, Dürnstein 111, tel. 02711.302

Zimmer Weixelbaum, Dürnstein 52, tel. 02711.422

Zimmer Wagner, Dürnstein 29, tel. 02711.265

Zimmer Pölz, Dürnstein 95, tel. 02711.405

Zimmer Stöger, Dürnstein 57, tel. 02711.396

Da vedere

L'**Haupstrasse**, la via principale acciottolata fiancheggiata da pittoreschi edifici del XVI secolo, con insegne in ferro battuto e decorazioni floreali.

Il **Chorherrenstift**, la chiesa abbaziale: è ciò che resta dell'antico monastero agostiniano; fondato nel 1410, fu rimaneggiato in stile barocco nel XVIII secolo. All'esterno il campanile bianco e blu è ornato da numerose statue di santi e angeli. Il chiostro è considerato uno dei più affascinanti di tutta l'Austria.

Le rovine del **castello di Kuenringerburg**, che nel 1192 e 1193 è stato luogo di reclusione per Riccardo I d'Inghilterra (Cuor di Leone), reo di aver insultato Leopoldo V e arrestato mentre attraversava l'Austria di ritorno dalla Terra Santa; molto salato il prezzo della sua libertà: 35.000 chili di argento.

colline sulla sponda destra si stanno ammorbidendo, addolcendo, declinando sempre più.

Al km 0,8 si disegna un'ampia curva sulla destra e appare il cartello di Oberloiben, sempre immerso nei vigneti, che si stanno – se possibile – intensificando; al km 1,1 secca curva a sinistra e si prosegue dolcemente. Quasi senza soluzione di continuità si passa da Oberloiben a Unterloiben e al km 1,6 si attraversa il

Una breve pausa nel centro di Dürnstein.

© Storto

Dürsntein.

paesino. Al km 3,1, in corrispondenza della confluenza con la statale, si ritrova per l'ennesima volta la nostra ciclabile, totalmente separata dalla strada, sempre ben asfaltata, larga circa due metri, che si infila in un suggestivo tunnel di alberi. Al km 3,4 piccolo strappo in salita, poi si prosegue placidamente sovrastando la strada statale di una ventina di metri.

Al km 4,3 appare il cartello di Förthof e al km 4,6 si arriva a Stein, esattamente in corrispondenza del grande ponte per Mautern **(GPS ㉚ : x 542.458; y 5.360.868)**. Guardando verso destra si possono vedere in lontananza le guglie della grandiosa **abbazia di Göttweig**, che pare voglia controllare la zona. Qui convenzionalmente finisce la splendida Wachau.

Al km 4,8 – poco prima dello scenografico ingresso in **Stein** attraverso la bella porta quattrocentesca **Linzertor** – c'è una

Il Danubio in questo tratto.

© NöW/Lois Lammerhuber

L'abbazia di Göttweig.

grande **area per picnic**. Entrando nel paese si respira subito un'atmosfera particolare: l'asse stradale principale, **Steiner Landstrasse**, si snoda tra due file di case altre e strette, rinascimentali e barocche, con logge e stucchi, il pavimento acciottolato, con stendardi, bandiere e granpavesi dal sapore medievale ai balconi. Ci si aspetta da un momento all'altro di veder passare dei cavalieri con la celata, invece si incontrano solo numerosi ciclisti in in-

Stein.

certo equilibrio sul sampietrino. Stein è un sobborgo di Krems, indivisibile ormai dalla stessa città – pur avendo avuto a suo tempo pari dignità e notorietà di città rinomata – di cui è naturale prolungamento. Anzi, data l'esistenza anche del sobborgo di **Und** (in italiano *und* è la congiunzione semplice *e*), è sorto il simpatico detto locale: *Krems Und Stein sind drei Städte* (Krems e Stein sono tre città).

Stein an der Donau [2003 - sinistra]

Austropa Verkehrsbüro, Understrasse 6, Krems, tel. 02732.82676, austropa.krems@verkehrsbuero.at

Pension Einzinger, Steiner Landstrasse 82, tel. 02732.82316

Zimmer Stasny, Steiner Landstrasse 22, tel. 02732.82843

Zimmer Stasny Ferdinand, Reisperbachtalstrasse 50, tel. 02732.76193

Zimmer Fiala, Reisperbachtalstrasse 24, tel. 02732.77581

Zimmer Petz, Förthofstrasse 7, tel. 02732.81466

Da vedere

La **Kremsertor** del 1470, trasformata in stile barocco nel XVIII secolo, all'estremità della Steiner Landstrasse.

La quattrocentesca **Linzertor**, all'altro capo della lunga via.

La **casa natale** (Steiner Landstrasse 122) del celebre pittore barocco Martin Johann Schmidt, più conosciuto come Kremser Schmidt.

L'ex **Minoritenkirche**, edificio gotico a tre navate con affreschi.

La **cappella barocca del Göttweiger Hof** – complesso abbaziale del XIII secolo – con affreschi del XIV secolo.

Il **Museo delle Caricature**.

Bandiere lungo le stradine di Stein.

Stein-Krems-Hollenburg 13,6 km

Passau — Linz — Melk — Vienna

Stein → Krems [4,3 km] Passati sotto la Linzertor e transitati per la Steiner Landstrasse, attraversiamo Stein, questo paese estremamente allungato, quindi, dopo aver oltrepassato anche la Kremsertor ci troviamo, al km 1,1, davanti al **Karikaturmuseum**. Da lì senza soluzione di continuità si passa nel centro di **Krems** e la pista ciclabile, separata dalla sede stradale, prosegue su ambo i lati della trafficatissima Ringstrasse. Il centro storico, con la **Steinertor**, il **castello Gozzo**, la **chiesa di St. Veit** e il **Weinstadtmuseum** (dedicato alla storia della viticoltura in Austria) si trovano a sinistra del percorso.

Dopo la doverosa visita al centro storico, ci si dirige verso l'uscita della città: lungo la Ringstrasse appaiono parecchi semafori, e al km 3 si passa sotto un tunnel ferroviario. Ora si corre lungo una strada a traffico limitato che costeggia piacevolmente il fiume Krems. Il lungo attraversamento cittadino si conclude al km 4,3, in corrispondenza del grande ponte sul Danubio **(GPS ㉛ : x 546.330; y 5.362.121)**, che ci pone davanti a un bivio: proseguendo dritti ci si tiene sulla sponda sinistra, noi invece attraverseremo il grandissimo ponte per portarci su quella destra, assolutamente consigliata.

Krems→Hollenburg [9,3 km] Per superare il ponte si deve affrontare una vera e propria circonvallazione ciclistica e la pista gira a destra, insinuandosi dentro un bel parco, poi gira a sinistra, supera un sottopasso, ancora a sinistra e al km 4,6 si arriva finalmente in vista del fiume, dopo aver superato una salitina. Il ponte sembra non finire più, incute una certa soggezione, come pure il Danubio, che in questo tratto è molto largo, maestoso – almeno 500 m – mentre il ponte nel suo complesso supera il chilometro di lunghezza.

Al km 5,7 inizia la discesa, che dura 150 m. Per via di questa grossa cir-

Balcone a Stein.

16
Krems an der Donau
Stein an der Donau
Mautern an der Donau
Furth bei Göttweg
Landersdorf
Lerchenfeld
Am Steindl
Rittersfeld
Paudorf
Egelsee
Alauntal
ALAUNTAL
Kuhberg
Kremser-Kreuzberg
Braunsdorfer
Reisperbach
Reisperbachtal
Alaunbach
Förthof
Hundsheim
Mauternbach
Baumgarten
Unterbergern
Am Giritzer
Steinaweg
Hals
Halterbach
Kleinwien
Waxenberg
Predigtstuhl
Stift Göttweig
Aigen
Grünberg
Palt
Fladnitz
Brunnkirchen
Sprinzenberg
Seebodenberg
Oberfucha
Tiefenfucha
Thallern
Angern
Am Glockenberg
Kleedorf
Krustetten
HOLLENBURGER WALD
Spatzenberg
Schiffberg
Hollenburg
Wagram ob der Traisen
Neusiedl
St. Georgen an der Traisen
Mühlbach
Marktwasser
Kalbslaumlacke
Donau
Krems
Stockgr.
Kremser Hafen
Landersdorfer Arm
Ober-rohrendorf
Unter-
Neustift an der Donau
Neuweidling
Stratzdorf
Altweidling
Schlickendorf
Theiß
Donaudorf
Grunddorf
Haitzendorf
Kamp
Jettsdorf
Feld
4,8 km
4,3 km
3,5 km
5,8 km
6,2 km
31
32
33
332
400
450
491
199
203
201
202
214
425
499
541
397
277
303
262
251
345
207
367
204
191
195
194
200

Scorcio di Krems.

convallazione stiamo allontanandoci dalla nostra meta e – tenendoci sul lato destro della strada – si pedala paradossalmente in direzione opposta, verso Mautern. Al km 6,6, si incontra una breve discesa, seguita dall'immancabile salita, quindi una secca curva a sinistra, poi subito a destra, al km 6,8, in corrispondenza del fiume **Fladnitz** e si inverte il senso di marcia. Finalmente si ritrova la ciclabile che ci riporta al Danubio nella giusta direzione e al km 7,1 raggiungiamo il fiume. Siamo sulla riva destra.

Per la prima volta la ciclabile presenta un asfalto un po' malandato, segnato dalle radici dei numerosi alberi. Ricordo comunque che fino a qui abbiamo trovato solo 1,3 km di strada sterrata, proprio alla partenza da Passau sulla VARIANTE A per Engelhartszell, mentre chi ha deciso di affrontare la VARIANTE B non ha trovato nemmeno quello! C'è da leccarsi le dita!

Al km 7,6 finalmente ripassiamo sotto il ponte che abbiamo percorso qualche minuto fa. Qualche maledizione per la lunga deviazione che siamo stati costretti a fare può scapparvi. Al km 7,7 c'è una darsena con barche a vela e altre imbarcazioni; la si aggira e si ritorna sulla riva dopo una brevissima deviazione. L'asfalto continua a non essere levigato ma la pista è bella, spaziosa e penetra in un tunnel di verde.

Al km 9,3 si verifica un ulteriore e rapido cambiamento: scompare abbastanza improvvisamente la vegetazione che ci separava dal fiume e ora il tratto è completamente esposto. Possiamo ammirare la corrente che placidamente scorre verso Vienna, e noi con lei. Dopo un dosso, al km 9,5 appare sulla sinistra un'**area per picnic**. Al km 9,8, in una piazzola

© Donau Niederösterreich Tourismus

Krems.

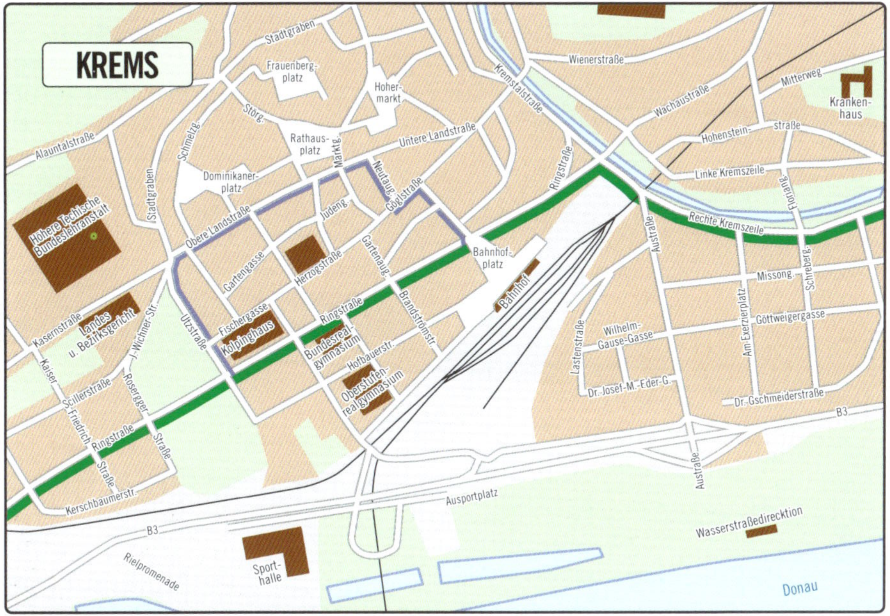

Krems.

sulla destra della pista si trova un'altra piccola **area per picnic** con informazioni sull'area danubiana.

Al km 10,3 altra **area per picnic**, poi rettilinei lunghissimi e filanti, anche di un paio di chilometri: qui il tratto è tutto scoperto, al sole, piacevole. Siamo immersi nella natura, si sente solo in distanza il rumore delle macchine che però non si vedono. Ogni tanto le radici creano qualche sobbalzo. È al km 12,4 che la

Krems [2002 - sinistra]

Austropa Verkehrsbüro, Understrasse 6, Krems, tel. 02732/82676, austropa.krems@verkehrsbuero.at; www.tiscover.com/krems

Fam. Aichinghen, Hohensteinstrasse 22, tel. 02732.82876

ÖAMTC-Stützpunkt Krems, Donaülande, tel./fax 02732.84455

Radfahrjugendherberge Krems, Ringstrasse 77, tel. 02732.83452 o 0664.6530615, oeihv.noe.krems@aon.at; www.oejhv.or.at

Gasthof Zur Wiener Brücke, Wiener Strasse 2, tel. 02732.82143

Gasthof Zum goldenen Engel, Wiener Strasse 41, tel. 02732.82067, fax 02732.77261; hotel.goldener.engel@ktv-krems.at; www.tiscover.com/hotel-goldener-engel

Gasthof Kaiser, Landesdorfer Strasse 34, tel. 02732.83265

Pension Kolping-Gästehaus, Ringstrasse 46, tel. 02732.83541

Pension Hietzgern, Untere Landstrasse 53, tel. 02732.76184

Zimmer Andre, Obere Landtrasse 24, tel. 02732.78900

Zimmer Pauser, Kaiser-Freidrich-Strasse 12, tel. 02732.82668

Da vedere

I resti delle antiche mura medievali, soprattutto la rotonda **Pulverturm** del 1477 e la **Steinertor** – simbolo della città – porta d'ingresso occidentale a tre torri.

La via centrale pedonale, **Untere** e **Oberere Landgasse**, acciottolata, su cui si affacciano belle case barocche e rinascimentali.

La **chiesa parrocchiale St. Veit**, ricostruita in stile barocco su preesistenze romaniche, a unica navata, con affreschi del famosissimo artista locale Kremser Schmidt.

La **Piaristenkirche**, che si raggiunge dalla piazza della parrocchiale attraverso una scala coperta, caratterizzata dalla presenza di contrafforti, trifore e della torre coronata da torrette. L'interno è a volta gotica, con enormi vetrate e altari in stile barocco.

Il **Weinstadtmuseum** (Körnermarkt 14, tel. 02732.801567, orari: marzo-novembre, mar 9-18, mer-dom 13-18) con percorso sulla storia del folklore, reperti archeologici e la storia dell'enologia nella Wachau.

© Donau Niederösterreich Tourismus

Krems.

pista ciclabile viene a contatto, pur brevemente, con l'autostrada che ogni tanto si faceva sentire in precedenza; si corre vicini per un brevissimo tratto e poi ne prendiamo le distanze. Addio macchine, qui è molto meglio la bicicletta! Si passa a fianco delle rovine del **castello di Bertholdstein**.

Al km 13,6 appaiono in successione un'**area per picnic**, un ospitale locale per ciclisti affamati e un quadro **informazioni** del vicino paese di **Hollenburg** completo di telefono gratuito per le prenotazioni. C'è l'incrocio, sulla destra **(GPS ㉜ : x 550.920; y 5.359.005)**, con la stradina che porta al centro del paesino, situato ai piedi di una bella collina.

Krems

«Krems, di cui nel 1153 il geografo arabo Idrisi celebrava lo splendore che superava, a suo avviso, quello di Vienna, assomiglia oggi a Vineta, la città sommersa dalle acque, fra le cui strade sul fondo del mare la leggenda vede aggirarsi qualcuno in abiti antichi. Quando un passante spunta fra le viuzze o esce da un portone, si pensa a quei dipinti o a quegli arazzi delle leggende, dai quali, in un'ora stregata, le figure escono e scendono nella vita. A Stein, ancor più assopita, poco lontano dalla targa che ricorda Köchel, cui si deve l'elenco delle composizioni di Mozart, il farmacista si anima per l'insolito arrivo di un forestiero, gli mostra con orgoglio l'intera farmacia e gli vanta le glorie di Stein, non senza polemica verso Krems, eco di vecchie rivalità municipali.
C'è un'immobilità mortuaria, che pare incatenare ognuno alla copia di se stesso. Si sente il piacere di abbandonarsi a questo letargico oblio, ma anche una nostalgica fuga e un'impazienza di metamorfosi; il desiderio di essere il pilota del Danubio dell'omonimo romanzo di Verne, nel quale il signor Jaeger alias Karl Dragoch, poliziotto ungherese, scambia Ilia Brusch, alias Serge Ladko, per il capo della banda dei pirati del fiume, Ivan Striga (il quale si fa passare per Ladko) e viene a sua volta scambiato per lui».

C. Magris, *Danubio*, pp. 183-184.

Krems.

■ **Hollenburg → Kleinschönbichl** [23,2 km] Al km 1,2, mentre si pedala immersi nel verde, dalla sponda opposta appare un'immagine leggermente inquietante, sicuramente incongrua rispetto alla pace e alla tranquillità che ci stiamo godendo: una grande ciminiera.

Sulla sponda destra invece siamo immersi in un vero e proprio paradiso abitato da moltissime specie di uccelli, con fitti boschi, ampi laghetti, corsi d'acqua, stagni: è una zona di protezione faunistica. Si pedala, leggermente sopraelevati sull'argine, immersi nel verde, con la colonna sonora di cinguettii e trilli, come già altre volte è successo lungo il Danubio. Sensazione di pace interiore e di intimità profonda con l'ambiente. La pista prosegue con lunghi rettilinei. Se non fosse per qualche traliccio dell'elettricità, non si vedrebbe alcun intervento dell'uomo.

Si prosegue in questo piacevole contesto e al km 4,6 si incontra un'**area per picnic**, come pure al km 5,7: altra **area per picnic**, quattro panchine e un bidone per la spazzatura. Queste aree attrezzate sono veramente utili per consumare uno spuntino all'aperto e vivere ancor più intensamente l'esperienza di fermarsi in mezzo alla natura e dove si desidera: basta fare la spesa in un negozio e spostarsi di qualche chilometro per poter vivere, magari assieme a proprio figlio, una dimensione assai diversa dagli spuntini di mezzogiorno presso banconi di bar sempre tutti uguali.

Al km 6 si incontra una ben attrezzata darsena e quindi si effettua l'immancabile deviazione per rientrare 200 m dopo, al km 6,2, dove c'è un punto di ristoro con **informazioni** turistiche della cittadina di **Traismauer** (anche queste con telefono gratuito per le prenotazioni alberghiere).

La cittadina è a soli 2,5 km e può valere una deviazione.

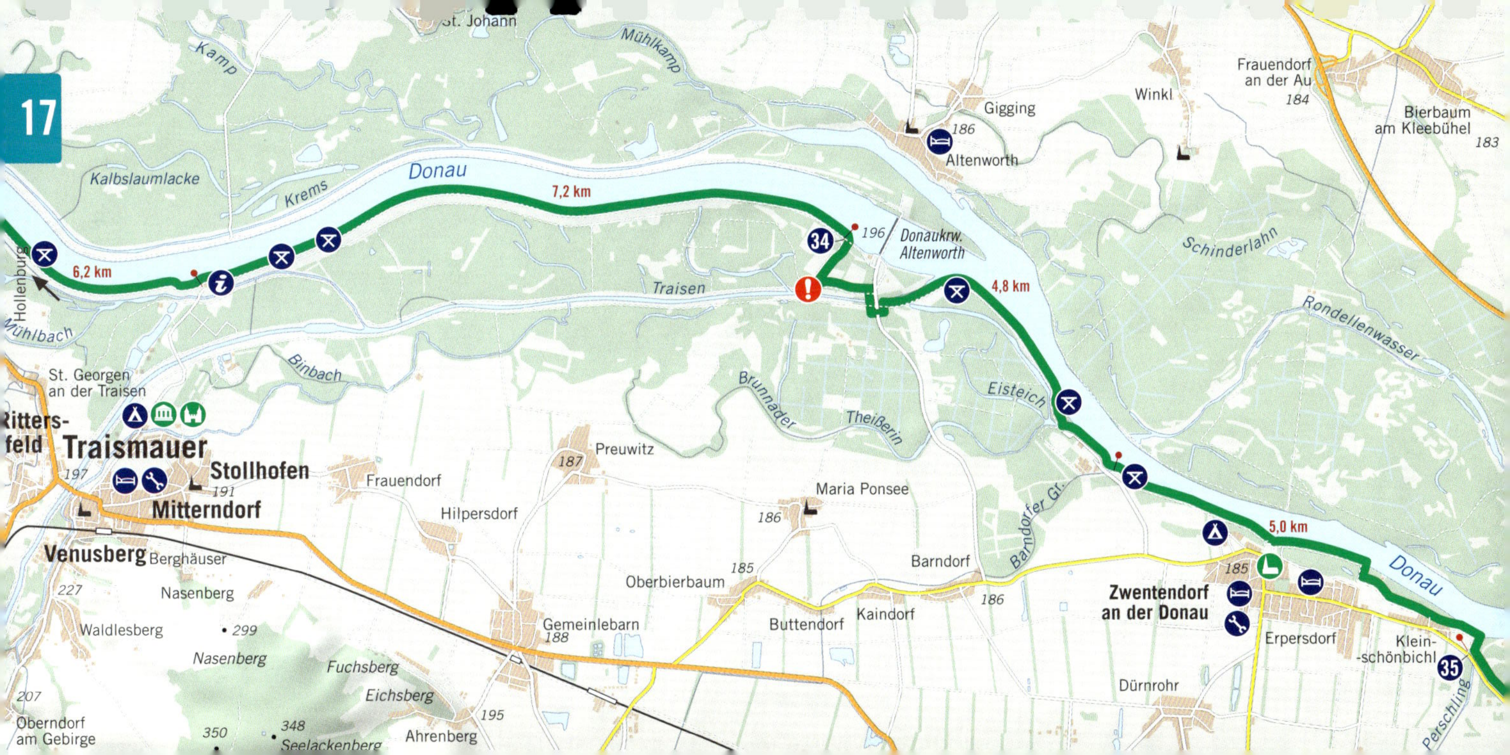
17
St. Johann
Kamp
Mühlkamp
Frauendorf an der Au
184
Winkl
Gigging
186
Altenworth
Bierbaum am Kleebühel
183
Kalbslaumlacke
Donau
Krems
7,2 km
34
196
Donaukrw. Altenworth
Schinderlahn
6,2 km
Hollenburg
Traisen
4,8 km
Rondellenwasser
Mühlbach
Binbach
St. Georgen an der Traisen
Brunnader
Theißerin
Eisteich
Rittersfeld
Traismauer
197
Stollhofen
191
Mitterndorf
Preuwitz
187
Frauendorf
Maria Ponsee
Hilpersdorf
186
Barndorfer Gr.
5,0 km
Venusberg
Berghäuser
185
Oberbierbaum
Barndorf
Donau
185
227
Nasenberg
186
Zwentendorf an der Donau
Gemeinlebarn
188
Buttendorf
Kaindorf
Erpersdorf
Klein-schönbichl
35
Waldlesberg
299
Nasenberg
Fuchsberg
Eichsberg
Dürnrohr
207
195
Oberndorf am Gebirge
350
348
Seelackenberg
Ahrenberg
Perschling

Traismauer [destra]

Informationstelle, Wiener Strasse 8, tel. 02783.8555, stadtgemeinde@traismauer.at; www.traismauer.at

Schwab Leopold, tel. 02783.6320

Schinnerl, Mitterndorfstrasse 1, tel. 02783.6273

Freizeitgarten Koller, Donaustrasse 56, tel./fax 02783.7130

Gasthof Sauriertränke, In der Traisenau 1, tel. 02783.8563

Zimmer Teichhof, Bäckergasse 6, tel./fax 02783.6394, www.tiscover.com/th-neu

Zimmer Raderer, Kremser Strasse 82, tel. 02783.8903

Zimmer Schopper, Kremser Strasse 84, tel. 02783.8885

Zimmer Stieger, E-Werkgasse 23, tel. 02783.6769

Da vedere

Museo archeologico (Hauptplatz 1, tel. 02783.8555, orari: aprile-ottobre, mar-dom 9-17)

Parco dei dinosauri (tel. 02783.6170, orari: fine marzo-ottobre 9-18) a nord della città: su un'area di 2,5 ettari sono disseminate copie dei più grandi dinosauri presenti sulla terra.

Castello di Traismauer (Hauptplatz, tel. 02783.8555) già menzionato nella *Canzone dei Nibelunghi*.

Traismauer.

Al km 7,4 **area per picnic**, altra **area per picnic** al km 7,8.

Si continua a procedere per lunghi rettilinei immersi in una vera e propria foresta che presenta anche le ormai consuete torrette in legno per gli avvistamenti di uccelli. Effettivamente attorno e sopra di noi si notano grandi stormi: è il trionfo della natura, luogo ideale per gli appassionati di animali e di uccelli. A destra della pista, nei laghetti e lungo i corsi d'acqua, si notano molti cigni, anatre, papere, mentre alla nostra sinistra il Danubio è vasto e tranquillo come le acque di un lago.

A volte, sull'asfalto, sono tracciati dei segnali orizzontali e delle indicazioni sulle prossime aree di sosta, informazioni ideali per i ciclisti che hanno un'autonomia molto più ridotta rispetto alle auto-

ph Claudio Pedroni

Sulla diga di Altenwörth.

mobili. Sapere che il prossimo ristoro si trova a tre piuttosto che a dieci chilometri è un'informazione essenziale: si vede che la segnaletica lungo la ciclabile è gestita da gente che va in bicicletta e che ha pratica quotidiana con i problemi dei ciclisti. Sembra banale, ma vi garantisco che spesso in Italia questo non avviene. Al km 11,4 si trova una sbarra che impedisce l'accesso all'argine alle automobili. Continuano i lunghi rettilinei e al km 13,4 si è costretti a girare nettamente a destra, curva a 90 gradi **(GPS (33) : x 562.990; y 5.358.390)**, per la presenza dell'ennesima centrale idroelettrica, quella di **Altenwörth**.

Al km 13,9 curva a sinistra, si gira ancora a sinistra, discesa abbastanza ripida e subito uno **stop** al km 14,1 ((!)). Quindi si gira a sinistra e al km 14,6 a un bivio si prende la destra e si oltrepassa un grande ponte su strada; invece andando dritti si superebbe la diga e si passerebbe sulla sponda sinistra. Noi consigliamo di tenersi invece sul lato destro.

Oltrepassato il ponte, al km 14,8 si gira seccamente a sinistra e poi ancora a destra, si trova una discesa abbastanza ripida e si pedala quindi in una piacevole zona frondosa vicino alla foce di un piccolo fiume, il **Traisen**.

Al km 15,7 ci si ricongiunge col Danubio e si corre lungo la sua riva; subito dopo la congiunzione, al km 15,9, **area per picnic**, come pure altra **sosta picnic** al km 16,9. Si pedala sempre in mezzo al verde, lasciando alla propria destra dei bei boschi e, infine, al km 17,3 si abbandona il fiume, si effettua una breve discesa, si oltrepassa un ruscello, si gira a sinistra e al km 17,4 comincia un breve tratto sterrato. Si traccia un'ampia curva sulla

© Hans Eder/Archiv Wagram

Picnic nel verde.

sinistra, la zona è paludosa, immersa nel verde, umida. Lo sterrato finisce dopo 350 m al km 17,8.

Quindi si gira a sinistra e ci si immette nuovamente sulla pista proprio in prossimità di una brutta centrale, nei pressi della quale si trova comunque un posto di ristoro, al km 18,2, a pochi metri dalla sponda. È la famosa **centrale nucleare di Zwentendorf**, la prima e unica centrale nucleare costruita in Austria ma mai entrata in attività grazie alle vivacissime proteste degli ecologisti negli anni Settanta. Resta lì, sinistra e grigia, a poche centinaia di metri dal fiume, incompiuta – per fortuna.

Cicogna.

ph Claudio Pedroni

In gruppo tutto è più facile.

Al km 18,5 si gira a sinistra e si torna sul Danubio e al km 18,6 si trova una bella **area per picnic**.

Al km 19,1 troviamo un'altra **area attrezzata** molto bella, poi anche un'altra **area per picnic** dopo 100 m, dove c'è un grande cartello che riproduce le diverse specie di uccelli presenti nella zona.

Si pedala in un'area naturalistica, i fiori di acacia si trasformano in mille fiocchi di una fittissima nevicata. Si prosegue

Zwentendorf [1974 - destra]

Gemeindeamt, Rathausplatz 4, tel. 02277.2209, marktgemeinde@zwentendorf.at

Lehrner Gerhard, Moosbierbaumerstrasse 2/2, tel. 02277.2220

Marktgemeinde Zwentendorf, tel. 02277.22090

Pension Langsteiner, Hauptstrasse 12, tel. 02277.2213

Zimmer Jeschko, Barbarag, 13, tel. 02277.2263

Zimmer Karin Zelenka, Moosbierbaumer Strasse 7, tel. 02277.2931, karin.zelenka@wwpa.at

Da vedere

Merita attenzione la centrale nucleare mai entrata in funzione.

© Günter Schön

È tempo di vendemmia.

dritti e al km 20,2 si incontra l'ennesima **area per picnic**. Si passa vicini a un **campeggio** e al km 20,4 appare la deviazione per **Zwentendorf**, mentre noi proseguiamo dritti, lasciando il paesino sulla destra.

La pista ora è frondosa, riparata, dolce, non c'è più la collina incombente come spesso è successo per lunghi tratti del corso del Danubio, ma si percepisce un senso di ampiezza; un bosco pianeggiante ci accompagna piacevolmente verso la capitale austriaca, ormai non più molto distante.

Al km 21,4 si piega seccamente a destra, dopo 100 m si gira di nuovo a sinistra e quindi si ritorna sul fiume. Al km 22,1 appare un'altra centrale, quindi ci si addentra in questa verde zona pre-danubiana e si attraversa il paesino di **Kleinschönbichl**. Si ritrova il Danubio ma, all'altezza di un porticciolo sul fiume, si piega a destra costeggiando la foce del torrente **Perschling**: quindi al km 23,2 si gira a sinistra e si oltrepassa il ponte **(GPS ㉞ : x 569.764; y 5.354.342)** sullo stesso Perschling lungo la pista che corre sul marciapiede sinistro.

La famosa Sachertorte.

Gastronomia

La cucina austriaca vanta una ricca tradizione anche se è stata influenzata dalla gastronomia italiana, ungherese boema e balcanica, dalle quali ha rielaborato alcuni piatti. D'altronde l'impero era un puzzle di culture e nazionalità, all'interno dei suoi confini si parlavano 16 lingue diverse e le contaminazioni sono state uno degli aspetti più positivi di questa realtà. Ad esempio la Wiener Schnitzel, scaloppina di vitello impanata e tipico piatto nazionale, non è altro che la cotoletta alla milanese importata da Radetzky al suo rientro da Milano dopo i moti del 1848. E che dire del gulash? Lo spezzatino di manzo con salsa a base di paprica era piatto nazionale magiaro ed è arrivato alla corte di Vienna in seconda battuta. A difendere l'autenticità viennese si erge Franz Sacher, ideatore per il principe di Metternich della celebre torta la cui ricetta è tuttora custodita presso l'Hotel Sacher di Vienna.

Kleinschön.-Langenlebarn | 15,4 km

Passau — Linz — Melk — Vienna

■ **Kleinschönbichl →Tulln** [11,2 km] Oltrepassato il ponte ci si trova di fronte a un bivio: senza indugi si va dritti in direzione di Tulln. Dopo 200 m si costeggia un grande impianto chimico recintato da un'infinita rete metallica che crea un netto contrasto con l'idea di libertà e di gioia che ci ha trasmesso – durante tutti questi chilometri – il pedalare tranquillamente all'interno delle riserve naturalistiche. Qui ci sono cancelli, filo spinato, l'evidente dimostrazione che gli interessi dell'uomo spesso sono in antitesi con la protezione e la tutela dell'ambiente.

Si attraversano tre binari di una linea ferroviaria – evidentemente un troncone privato – che mestamente passano sotto il grande cancello a sbarre per morire lì, in carcere anche loro. La pista ciclabile corre a fianco della strada, sul suo lato sinistro, ben separata da un'aiuola di circa un metro di larghezza, 30 centimetri più bassa del livello della sede stradale. Si sta abbandonando momentaneamente il Danubio che ritroveremo solo tra 8 km, nei pressi di Tulln.

Al km 0,9 si attraversa la cittadina di **Pischelsdorf** – su strada a traffico limitato – e si gira a sinistra; quindi si effettua una curva a destra, poi un'altra a sinistra, si prosegue, si arriva a un bivio e si gira a sinistra, al km 1,3. Quindi si curva bruscamente a destra e si oltrepassa un ponticello in legno su un torrente. Si torna a correre su pista ciclabile, interdetta agli automezzi.

Nonostante queste continue deviazioni non ci si può perdere, perché gli immancabili cartelli verdi ci seguono ovunque: ammirevole l'applicazione con cui gli austriaci hanno segnalato la loro pista ciclabile per eccellenza. C'è da prendere ap-

© Hans Eder/Archiv DTG

Tulln.

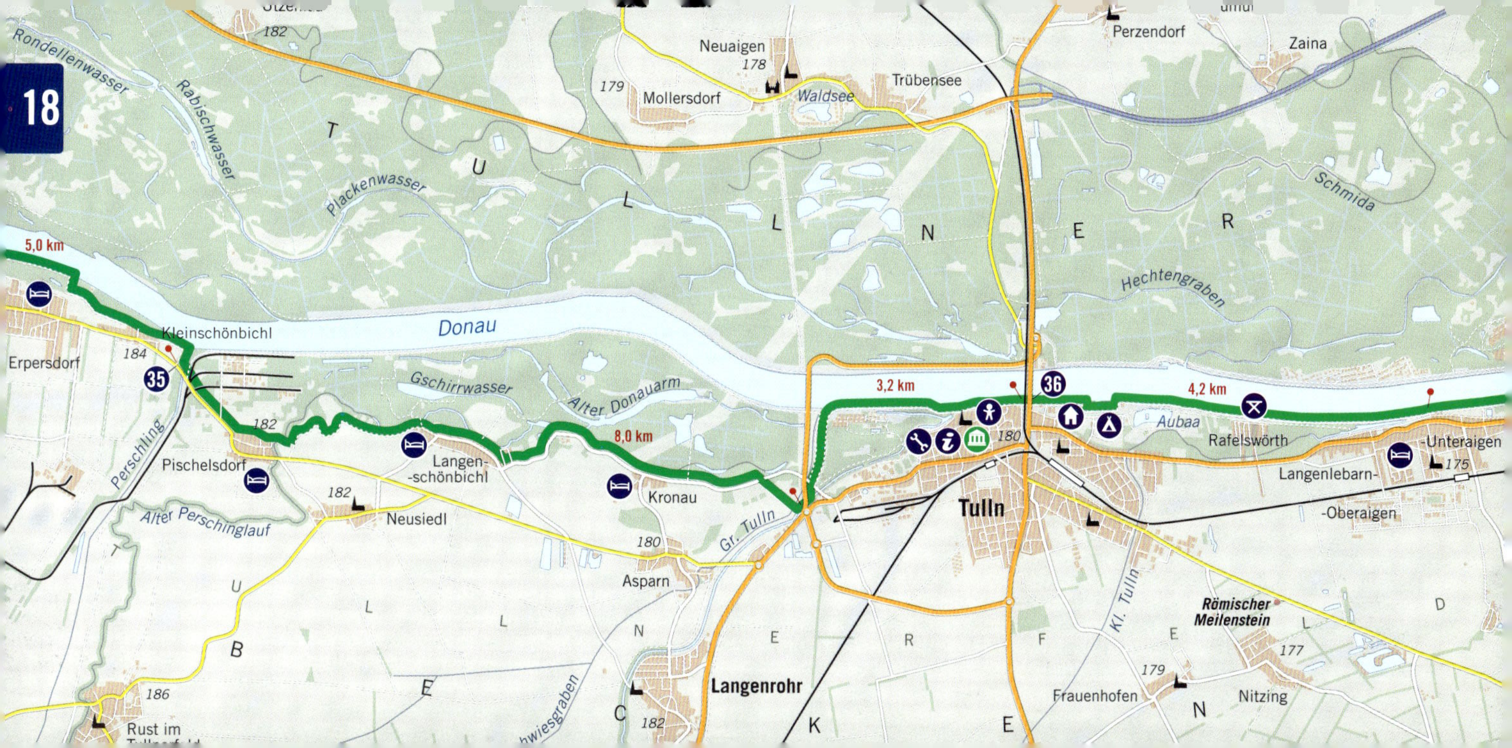

18
Rondellenwasser
Rabischwasser
Plackenwasser
Neuaigen
178
179
Mollersdorf
Waldsee
Trübensee
Perzendorf
Zaina
Schmida
T U L L N E R
Hechtengraben
Donau
5,0 km
Kleinschönbichl
Erpersdorf
184
35
Gschirrwasser
Alter Donauarm
3,2 km
36
4,2 km
Aubaa
Rafelswörth
Unteraigen
175
Langenlebarn-
-Oberaigen
182
Pischelsdorf
Langen-
-schönbichl
8,0 km
Kronau
180
Tulln
Perschling
Alter Perschinglauf
182
Neusiedl
Gr. Tulln
Asparn
Kl. Tulln
Römischer
Meilenstein
177
179
Frauenhofen
Nitzing
T U L L N E R F E L D
B E C K E N
186
Rust im
Langenrohr

punti e riferire agli amministratori locali italiani.

Ora il tracciato si snoda assai piacevolmente tra i campi coltivati (si notano molti piselli) al margine di una grande foresta fluviale. Dal punto di vista prettamente ciclistico questo è uno dei tratti più invitanti, con la presenza di molte curve e controcurve ampie che fanno disegnare traiettorie morbide, pennellando le curve. Ci troviamo in una zona molto ben curata, con i campi coltivati con perfetto ordine: l'unico vero problema, che ci inquieta non poco, è la presenza di molti tralicci dell'alta tensione, che sovrastano in maniera preoccupante proprio le coltivazioni. Non possono non venire i brividi se si pensa ai campi elettrici e ai possibili influssi sull'uomo e sui prodotti cosiddetti naturali. D'altronde abbiamo

Egon Schiele

Egon Schiele è senza dubbio uno dei protagonisti della grande stagione dell'espressionismo austriaco, artista tormentato ma dotato di una tecnica sopraffina, soprattutto come disegnatore.

Nasce nel 1890 a Tulln, figlio di un capostazione delle ferrovie dell'impero austroungarico – la cui tragica morte legata a una malattia mentale segna tutta la sua pittura – quindi è a Vienna, presso l'Accademia di Belle Arti (dove stabilisce un fruttuoso rapporto d'amicizia con Gustav Klimt), dove comincia a coltivare la sua arte, assai personale e scandalosa, in cui esprime con crudezza inusitata per quei tempi una sessualità esplicita, malinconica, dolente. Deve quindi subire non solo duri giudizi ma anche accuse di pornografia e di seduzione di minorenne, per cui finisce perfino in carcere, seppure per soli tre giorni. Nel mondo conservatore austriaco non può essere vista di buon occhio neppure la sua convivenza con la modella Wally Neuzil, pertanto l'artista è costretto a vivere ai margini della società, in miseria.

Comincia a essere conosciuto e apprezzato nel 1918, grazie a una grande mostra, organizzata nell'ambito della Secessione Viennese, e quindi raggiunge un notevole successo personale. Ma la vita gli presenta il conto e nell'autunno dello stesso anno gli ruba la moglie, in stato di gravidanza, morta di febbre spagnola. Tre giorni dopo, il 31 ottobre 1918, contagiato dalla stessa malattia, Egon Schiele si spegne a Vienna, a soli ventotto anni.

da poco lasciato alle nostre spalle una centrale nucleare, anche se mai entrata in funzione... Tra curve piacevoli, piselli, tralicci e foreste si arriva al km 3 davanti a un isolato e accogliente chiosco in legno che offre ristoro ai ciclisti: si vende anche il mosto.

Si prosegue in questa atmosfera un po' strana – immersi nella natura selvaggia ma con una tangibile presenza dell'uomo – e al km 3,2 si entra nel paesino di **Langenschönbichl** e in corrispondenza del suo attraversamento si pedala nuovamente su una strada secondaria con traffico però limitatissimo. È un tipico paesino di campagna disteso sull'asse viario principale, con un paio di locande per ciclisti: perché non approfittare per vivere un'esperienza culinaria rurale?

Il monumento di Marc Aurel Park a Tulln.

Al km 4,3 si volta a sinistra e si abbandona Langenschönbichl in direzione Kronau lungo una strada secondaria (anche se un po' più trafficata della media). Continuano i campi elettrici e le nostre preoccupazioni non diminuiscono di certo. È una buona scusa per accelerare l'andatura.

Al km 6,2 si raggiunge il cartello di Kronau e si pedala su strada secondaria ma pochissimo trafficata. Quindi al km 8 si gira nettamente a destra e ci si immette su una pista ciclabile che corre a fianco di una strada. Al km 8,3 si sottopassa una grande strada, si prosegue per 120 m e si oltrepassa sulla destra un piccolo ponte sul **Grosse Tulln**, quindi ci si immette su un bellissimo argine ciclabile che fiancheggia il canale correndo parallelo addirittura a un altro sentiero ciclabile che

> «A Tulln il tempo punge, morde, e la vita è una freccia scagliata verso il nulla, il processo dissipativo irreversibile di cui parlano i fisici. Nella *Canzone dei Nibelunghi* Attila attende e accoglie a Tulln la sposa burgunda Kriemhild, e il poema descrive la schiera cosmopolita dei principi e dei popoli suoi vassalli che l'accompagnano, valacchi e turingi, danesi, peceneghi e guerrieri di Kiev, che poco più tardi la vendetta di Kriemhild spingerà nella battaglia e nella morte».
>
> C. Magris, *Danubio*, p. 184.

Tulln [1963 - destra]

Touristeninformation, Nussallee 4, tel. 02272.65836, stadtamt@tulln.at; www.tulln.at

Donautal Niederösterreich, Minoritenplatz 2, tel. 02272.67566, donautal@aon.at

Hermann Schüller, Jasomirgottgasse 4, tel. 02272.62695, fax 02272.63870

Radsport Voch, Frauentorgasse 9, tel. 02272.62278, fax 02272.68988

Donaupark Camping Tulln, Hafenstrasse 4, tel. 02272.65200, fax 02272.65201, campingtulln@oeamtc.at

Alpenvereinsherberge, Donaulände 1, tel. 02272.62692 (con ristorante economico)

Familien und Jugendgasstehaus Tulln, Marc-Aurel Park 5, tel. 02272.65165, fax 02272.651654, oejhw-wiennoe@telecom.at

Ghasthof Beim Salzturm, Donaulände 34, tel. 02272.62658

Gasthof Zum Schwarzen Adler, Rathausplatz 7, tel. 02272.626760

Pension Zum Springbrunnen, Hauptplatz 14, tel. 02272.63115

Zimmer Elisabeth, Nussallee 5, tel. 02272.64227

Zimmer Keindl, Wilhelmstrasse 16, tel. 02272.63337

Zimmer Erika, Schiessstattgasse 25, tel. 02272.63692

Zimmer Sabo, A. Bruckner-Strasse 9, tel. 02272.82698

Da vedere

La **Hauptplatz**, cuore della città, pedonale.
I **Musei cittadini**, presso il chiostro dei Minoriti, che ospitano tra l'altro un'interessante collezione dedicata alla storia romana della città (l'antica Comagena) con reperti archeologici.
Il **Museo Egon Schiele**, con opere dell'illustre artista nativo di Tulln (morto a soli ventotto anni), esposte in una vecchia prigione dove è stata ricostruita la cella in cui Schiele è stato imprigionato con l'accusa di oscenità.
La **chiesa parrocchiale di S. Stefano**, romanica con rifacimenti gotici e barocchi (veramente notevole il portale in puro stile romanico), e la vicina **cappella funeraria** poligonale, a undici lati, del XIII secolo. Le **terme romane** che sono considerate tra i più antichi edifici integri in Austria.

Siepe fiorita nei pressi di Tulln.

corre dieci metri più in basso del terrapieno, a livello del fiume. Seguendo questo corso d'acqua ci avviciniamo sempre più al Danubio, che appare finalmente in corrispondenza del km 9,2.

Si segue la riva puntando a destra verso la grande città: dalla parte opposta, a circa 200 m da noi, si erge invece una grande vela di cavi d'acciaio che corrisponde a un enorme ponte avveniristico poco fuori Tulln, il nuovo ponte sul Danubio.

Continuando sulla ciclabile che si snoda in cima all'argine ci si avvicina decisamente a Tulln. Al km 10,5 si incontra una bella **area giochi** per bambini e un grande cartello con le **informazioni** cittadine. Stiamo ormai costeggiando Tulln, che si estende alla nostra destra: lungo il fiume si notano parecchi approdi e imbarcaderi. Al km 10,7 è ormeggiata una grande chiatta galleggiante per concerti, mentre sulla riva è stata allestita una gradinata per gli spettatori. Per visitare il centro di **Tulln** si gira a destra mentre la ciclabile continua lungo il fiume, abbellita da aiuole profumate e da fiori multicolori. Al km 11,2 si passa sotto il ponte di Tulln **(GPS ㉟ : x 578.480; y 5.353.946)**.

■ **Tulln → Langenlebarn** [4,2 km] Superato il grande ponte, dopo 500 m si deve effettuare una secca curva a destra per aggirare il porticciolo di Tulln; si rientra di 100 m esatti, poi si gira a sinistra costeggiando una strada, si ripiega a sinistra e si supera la darsena. Siamo ancora all'interno della città di Tulln, su pista ciclabile sopraelevata. Al km 1 si gira a sinistra, 70 m e poi si gira a destra e si ritrova il Danubio. Si costeggia un bel laghetto sulla destra dove il ciclista tormentato dal caldo si può concedere un rilassante bagno: è un'esperienza vivamente consigliata soprattutto perché un tuffo distensivo ogni tanto dà una scossa alla giornata del cicloturista, che a volte può avere un andamento un po' troppo ripetitivo. È d'uopo quindi trovare spazio, nelle sacche, per il costume.

La pista adesso è costellata da panchine, dove si può effettuare una piacevole **sosta picnic**, il percorso è perfettamente illuminato anche di sera, molto ben curato, e si snoda in mezzo al verde. Al km 3,6 appare un altro laghetto, abbastanza ampio, a forma allungata, mentre al km 4,2 entriamo nel paesino di **Langenlebarn**, che presenta una discreta capacità ricettiva.

Langenlebarn-Höflein | 14,3 km

■ **Langenlebarn → Greifenstein** [10,6 km]
Al km 0,5 raggiungiamo un'**area per picnic**. Dominiamo il Danubio dall'alto dell'argine e notiamo al km 1,3, sul lato destro della pista, estendersi un grande villaggio residenziale, **Klein Tulln**, perfettamente inserito nel verde, con parecchi specchi d'acqua: è un vero e proprio quartierino di abitazioni da villeggiatura (chalet), a volte con piccole piscine. Si tratta di tre file ben disposte di case, abbastanza a contatto tra loro, in legno: la particolare posizione della pista fa sì che osserviamo questo villaggio con una prospettiva a volo d'uccello. Visto dal sellino ci sembra un plastico, fin troppo perfetto. Il conglomerato si estende fino al km 2,7 e la pista corre parallela sempre su un lunghissimo rettilineo; al km 3,3 si incontra l'ennesima darsena – in prossimità del paese di Muckendorf; si effettua la solita deviazione per aggirarla, quindi dopo 100 m si incontra una dolce ansa, zigzag destra-sinistra e si rientra.
Si prosegue immersi nella natura incontaminata e la sponda di fronte – quella sinistra – offre un panorama altrettanto interessante, anzi ancor meno antropizzato. Presso il km 6,8 si nota un'**area per picnic**: stiamo avvicinandoci alla grande **diga di Greifenstein**.

Ponticello nei pressi di Greifenstein.

Ormai le sponde non conoscono più curve, si prosegue a lunghe linee rette e al km 7,4 si incontra una grande e bella **area attrezzata con giochi** di legno, campo da calcio con tanto di porte e reti, un punto di ristoro, caffè, bagni pubblici. Ci sono anche un paio di ristorantini e un'area **informazioni**. Primo bivio: andando a destra si punta decisamente verso il borgo di Greifestein, che però si può raggiungere anche continuando dritti e imbarcan-

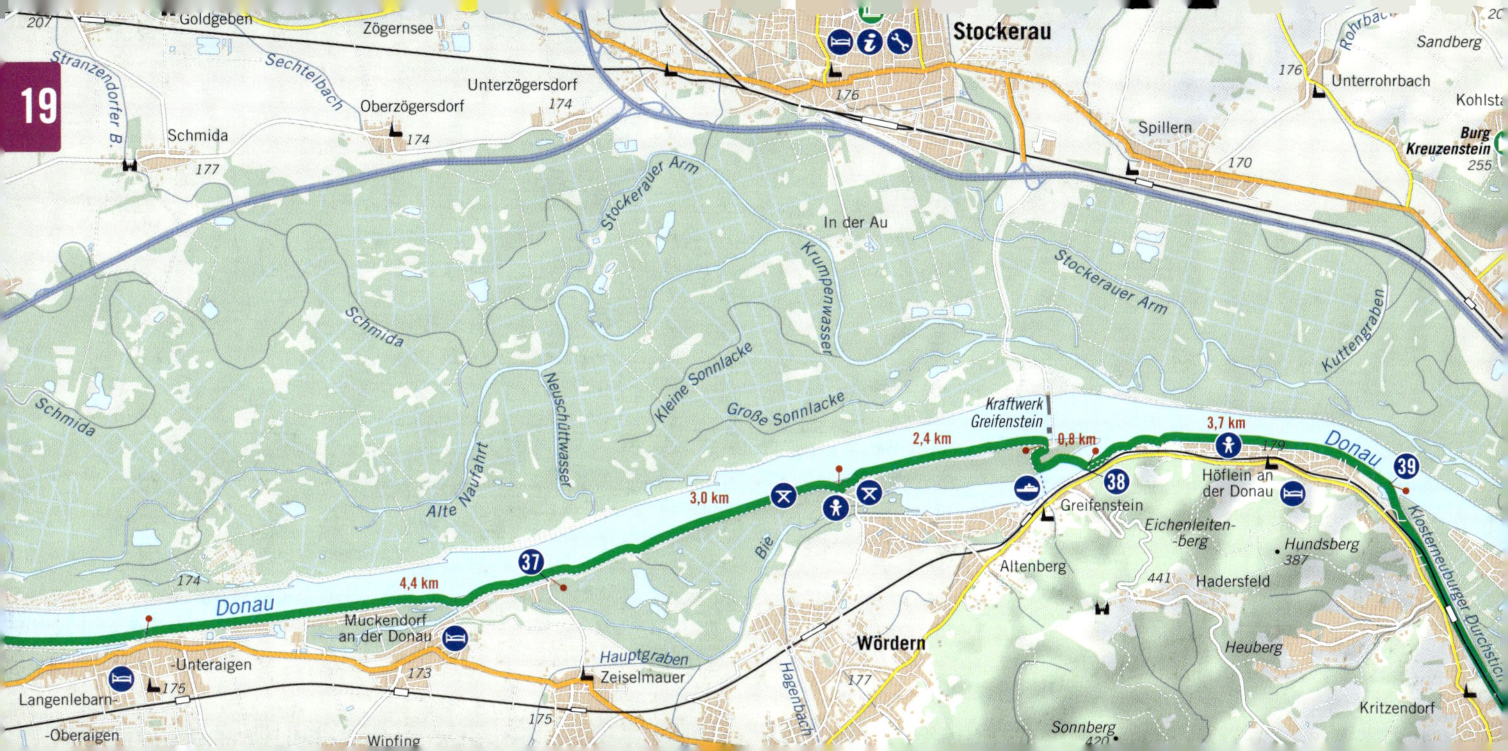
19
Stockerau
Goldgeben
Zögernsee
Stranzendorfer B.
Sechtelbach
Unterzögersdorf
Oberzögersdorf
Schmida
Spillern
Unterrohrbach
Sandberg
Rohrbach
Kohlsta
Burg Kreuzenstein
255
In der Au
Stockerauer Arm
Krumpenwasser
Kuttengraben
Schmida
Kleine Sonnlacke
Große Sonnlacke
Neuschüttwasser
Alte Naufahrt
Kraftwerk Greifenstein
Donau
3,7 km
2,4 km
0,8 km
3,0 km
4,4 km
37
38
39
Höflein an der Donau
Greifenstein
Eichenleiten-berg
Hundsberg
387
Hadersfeld
441
Altenberg
Heuberg
Klosterneuburger Durchstich
Kritzendorf
Sonnberg
Wördern
Hagenbach
Bie
Hauptgraben
Zeiselmauer
Muckendorf an der Donau
-Unteraigen
Langenlebarn-
-Oberaigen
Wipfing
207
174
176
170
177
179
173
175

Il castello di Greifenstein.

dosi su un traghettino oppure attraversando un ponte. Noi scegliamo quest'ultima possibilità, che consigliamo. Continuando dritti si può anche oltrepassare la centrale idroelettrica di Greifestein (a sinistra al prossimo bivio) e recarsi sulla sponda sinistra del Danubio.

Al km 9,9 ci troviamo di fronte a questo secondo importante bivio: effettueremo la deviazione di 180 gradi a destra, mentre andando dritti si oltrepassa la diga e si va – come appena detto – sulla sponda sinistra. Prendendo il bivio a destra al km 10,2 si incontra una bella discesa, si giunge a un braccio di fiume dove c'è il traghetto che porta al villaggio di **Greifenstein**. Invece si consiglia di continuare sulla sponda sinistra alla ricerca del ponte. Al km 10,6 si piega a destra e appare un piccolissimo ponte **(GPS ㊲ : x 592.359; y 5.355.965)** – quasi una passerella – con balaustra in legno. Siamo sotto il **castello di Greifenstein**.

■ **Greifenstein →Höflein a.d.D.** [3,7 km] Al km 11,1 si piega leggermente sulla sinistra e si riprende a costeggiare il Danubio. A destra abbiamo la strada statale, mentre alle nostre spalle, a meno di un chilometro di distanza, si trova **Altenberg**, città natale dell'etologo Konrad Lorenz.

Greifenstein [1949 - destra]

Gemeindeamt, Hauptstrasse 43, tel. 02242.32231

Tutti i giorni dalle 9 alle 21

Klaus Gilly, Hauptstrasse 33, tel. 02242.38071

Villa Neuwirth, Hadersfelderstrasse 11, tel. 02242.33589, villa-neuwirth@aon.at

Gasthof Brauner Bär, Hauptstrasse 10, tel. 02242.32349

Zimmer Sappert, Hadersfelderstrasse 3, tel. 02242.32828

Da vedere

Il **castello**, ricostruito nel XIX secolo con gusto romantico dal principe Johann Liechtenstein su un preesistente castello dell'XI secolo; conserva una raccolta di ricordi storici locali e di storia popolare.

> «Le boscaglie e i prati acquitrinosi intorno a Tulln erano il regno di Konrad Lorenz, delle sue scorribande sul Danubio, i suoi bracci e i suoi canali. Le storie che le orme raccontavano al suo sguardo e al naso del suo cane quando egli abitava ad Altenberg, un villaggio tra Tulln e Klosterneuburg, sono più interessanti di quelle che raccolgo sui fregi delle case, da vecchi libri o in qualche museo. Nel mio viaggio incontro troppe volte l'araldica aquila bicipite e troppo poco l'aquila reale o quella marina, che volteggiano sulle acque danubiane; Musil, Francesco Giuseppe, la Mezzaluna e il Café Central mettono in ombra abitatori più antichi e legittimi della Mitteleuropa, olmi e faggi, cinghiali ed aironi».
>
> C. Magris, *Danubio*, p. 186.

Al km 11,5 si trova un'ampia **area giochi per bambini** e dopo 200 m si arriva a un bivio, si prende a sinistra, sempre lungo

ph Claudio Pedroni

Si continua a pedalare...

il Danubio: adesso si entra in una splendida zona di verde, con tanti alberi, caratterizzata dalla presenza di uno stupendo arco vegetale di noci, gli alberi delle streghe.

Al km 11,9 si giunge al cartello di Höflein lungo una stradina non più ciclabile ma promiscua, pur con scarsissimo traffico. Si attraversa il piccolo centro e all'altezza del km 12,5 la pista torna a snodarsi lungo il fiume. Al km 12,7 **area giochi** con campo di beach-volley. La pista ora imita la corrente del Danubio e se ne scende pigramente verso la capitale.

Al km 14,1 si incontra un'ennesima piccola darsena con qualche motoscafo, 100 m dopo appare il cartello di Kritzendorf e al km 14,3 **(GPS (38) : x 595.632; y 5.355.703)** si abbandona il Danubio e si imbocca un canale lungo e stretto, il **Klosterneuburger Durchstich**.

© NOW/K.M. Wastermann

Un caffè lungo il fiume.

Höflein→Klosterneuburg [4,9 km] Il bel canale Kosterneuburger Durchstich si veste con un abito tipicamente vacanziero: belle casette a destra, l'acqua che scorre pigra e alberi frondosi che ne accarezzano la corrente. Si pedala lungo una strada asfaltata a traffico limitato, velocità massima consentita 30 km/h. Le linee orizzontali sono di un colore cui non siamo di certo abituati, quasi improponibile – un rosso tendente all'arancione. Sfiliamo lasciando alla nostra destra schiere di seconde case per vacanze estive, giardini curatissimi, bei fiori colorati, salici che si inchinano sul fiume: si respira aria di vacanza, paradossalmente quasi di mare. A destra si è sempre a strettissimo contatto con la ferrovia.

Per un breve tratto, all'altezza del paese di Kritzendorf, si abbandona il canale e si imbocca sulla destra una stradina a traffico limitato.

Al km 1,4 si incontra un'**area giochi per bambini**, completa di parco giochi, campo di basket e un'articolata pista di skateboard.

Si ritrova subito dopo il canale che attraversa un'area abbastanza industrializzata, con vari capannoni e magazzini, quindi al km 1,9 ci si innesta su una pista ciclabile e corriamo con la ferrovia a una ventina di metri sulla destra e il canale sulla sinistra. Pur essendo a pochi chilometri dalla capitale e a pochissimo da un'importante cittadina industriale – e anche grosso centro vinicolo – come Klosterneuburg, si pedala in mezzo al verde.

Al km 2,9 ecco apparire proprio il cartello di **Klosterneuburg**, anche se i due campanili e la cupola dell'abbazia ci indicano che per il centro storico bisogna attendere ancora un po'. Infatti al km 3,5 si su-

ph Claudio Pedroni

Vienna si avvicina.

Unterrohrbach
176
Sonnwendberg
Kohlstatt
Harman dorf
Leobendorf
Burg Kreuzenstein
255
187
172
Tresdorf
Seebarn
Rohrbach
Teiritzberg
201
197
Stetten
169
Donaugraben
Korneuburg
Flandorf
187
39
168
Donau
19
4,9 km
Bisamberg
Klein Engersdorf
Klosterneuburger Durchstich
192
Kritzendorf
BISAMBERG
Elisabethhöhe
358
Freiberg
392
Langenzersdorf
An den Mühlen
192
170
Strandbad
peln
196
Klosterneuburg
mersiedlung
362
Buchberg
2,6 km
Seeschlacht
186
40
Dirnel - wiese
Weidling
196
Kuchelauer Hafen
Weidlingbach
Donau
Leopoldsberg
358
484
Kahlenberg
JOSEFSDORF
SCHWARZLACKE
Agnesbründl
Vogelsangberg
516
KAHLENBERGERDORF
4,4 km
295
Burgstall
Hermannskogel
NUSSBERG
WIEN
Neue Donau
NUSSDORF
41
Nordbrücke
SALMANNSDORF
HEILIGENSTADT
GRINZING
192
317
20
SIEVERING
Heiligenstadt
Floridsdorfer Brücke

Klosterneuburg [1940 - destra]

Tourismusverein, Rathausplatz 1, tel. 02243.32038 o 02243.34396, tourismus@klosterneuburg.com; www.klosterneuburg.at

Eisen Eckl, Wiener Strasse 102, tel. 02243.32452

Frank Swoboda, Martinstrasse 5, tel. 02243.21917

Österreichischer Camping Club, An der Au, tel. 02243.85877

Donaupark (nei pressi stazione Klosterneuburg-Kierling), tel. 02243.25877, fax 02243.25878

Jugendherberge Ferienheim, Maria Gugging (km 5,5 a ovest), Hütersteig 8, tel. 02243.83501

Frühstückpension Alte Mühle, Mülhengasse 36, tel. 02243.37788, fax 02243.3778822, info@hotel-haltemuehle.at; www.hotel-haltemuehle.at

Hotel Appartamenthaus Andrea, Medekstrasse 15, tel. 02243.25022, hotel.andrea@utanet.at; www.hotel-andrea.net

Zimmer Bürgerhaus Salmeyer, Stadtplatz 17, tel. 02243.32146

Zimmer Artmann, Kierlinger Strasse 29, tel. 02243.32774

Zimmer Gaubitzer, Josef-Brenner-Strasse 17, tel. 02243.34438

Zimmer Urbanek, Hölzlgasse 4, tel. 02243.32373

Zimmer Fux, Doppelngasse 53, tel. 02243.25291

Da vedere

La centralissima **Rathaus Platz** circondata da edifici antichi tra cui il municipio barocco e abbellita dalla colonna della Trinità.

L'**abbazia agostiniana** (Stiftplatz 1, tel. 02243.411212, www.stift-klosterneuburg.at, orari: tutti i giorni 9-17): fondata nel 1114 è uno degli esempi più alti del barocco austriaco; rinnovata durante l'impero di Carlo VI con l'intento di trasformarla in un novello Escorial.

La **chiesa abbaziale Mariae Geburt**, di origine romanica ma in stile barocco, pur con guglie neogotiche.

Il **Kreuzgang**, bellissimo chiostro gotico (sec. XIII-XIV) e la **Leopoldskapelle**, ex sala capitolare, che ospita il celebre **altare di Verdun**, ricoperto da cinquantuno pannelli a smalti, capolavoro della pittura a smalto medievale e opera di Nicola da Verdun.

Lo **Stiftsmuseum**, con sculture di marmo, bronzo e avorio, miniature e importanti dipinti su tavola (Bellini, Schiele ecc.).

La **Pkarrchirche St. Martin**, fondata nell'XI secolo, al cui interno spiccano 16 statue lignee dorate e il sottostante Museo Archeologico, che ripercorre con reperti e documenti la millenaria storia della Chiesa.

© NÖW/Lois Lammerhuber

Klosterneuburg.

pera una sbarra per evitare il passaggio di automezzi e si percorre una stradina molto bella, completamente immersa nel verde, anche se vediamo svettare nettamente alla nostra destra i molti e slanciati campanili della cittadina, d'altronde adagiata ai piedi dei colli del Wienerwald. Al km 4,9 si giunge in centro, presso un grande parcheggio che ospita anche un'**area di sosta coperta per ciclisti**. A destra si va nel centro storico mentre a sinistra si attraversa un ponte e si piega subito a destra verso Vienna, il cui centro cittadino è segnalato dai cartelli della pista ciclabile a soli 12 km.

■ Klosterneuburg → Vienna [4,9 km]

Giunti al bivio, si prende la direzione di sinistra, si oltrepassa un ponte, poi si piega a destra seguendo le indicazioni ciclabili per il centro di Vienna (12 km).
Non si pedala su pista ciclabile ma su strada secondaria con poco traffico a velocità limitata (max 30 km/h). Al km 0,6 la strada costeggia un grande parco con **area per picnic** e un'**area giochi** con campo da skate-board, quindi si imbocca una ciclabile separata dalla strada. Al km 1,4 la pista termina e confluisce su una strada secondaria, si oltrepassa un piccolo ponte e si prosegue dritti. Al km 1,6 c'è un **attraversamento pericoloso** (!), quindi si svolta a sinistra e si torna su strada poco trafficata, a fianco di due campi da tennis. È una strada interdetta alle macchine, con permesso di transito concesso solo ai residenti. Troppo ben abituati da oltre trecento chilometri idilliaci, può capitare di sbuffare se una macchina ci supera, pur con estrema attenzione e molto lentamente, dimenticandoci che una situazione come questa

© Steve Haider/Archiv DTG

Sosta in riva al Danubio.

– in Italia – sarebbe un vero paradiso. Questione di punti di vista.

Ecco che riappare il Danubio, abbandonato ormai otto chilometri fa: più che del Danubio si tratta di un suo braccio. Al km 2,6 si giunge all'altezza del lembo estremo di un istmo sul fiume, proprio in corrispondenza di un club di canottaggio **(GPS ㊴ : x 599.575; y 5.349.941)**. Quindi lasciamo nuovamente il nostro silenzioso compagno di viaggio e improvvisamente – al km 3,4 – appare il traballante cartello di Vienna.

Inaspettato, imprevisto, come giungesse troppo presto, una vera visione: si concretizza sotto gli occhi la fine del viaggio, la meta tanto agognata espressa da un piccolo e sbilenco cartello che rappresenta un mito, una capitale, una città vastissima, la storia e la cultura per milioni di persone, il simbolo stesso della Mitteleuropa. Comunque, se sentite in bocca il gusto amarognolo della delusione, state pur certi che si tratta di una sensazione normale: quando si conclude un viaggio – o un'impresa –, tanto più se conquistato metro dopo metro attraverso il sudore e la fatica, affiora spesso un sentore di disappunto o frustrazione. È la consapevolezza che col raggiungimento della meta si sta concludendo l'esperienza del viaggio e che si ritorna quindi alla vita normale.

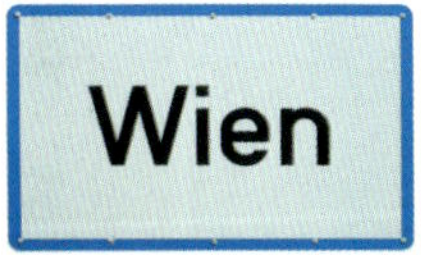

Superato lo shock (e la delusione per le dimensioni ridotte di quella scritta che per noi sembrava irraggiungibile), fate pure le vostre foto di rito ma prestate bene attenzione: non crediate di essere arrivati a Vienna. Ce n'è ancora da pedalare! E tanto!

Vienna!

Il centro è ancora ben distante.

Gambe in spalla, si riparte. Breve tratto abbastanza trafficato e al km 3,9 si torna su strada secondaria con traffico solo per residenti (limite 30 km/h) e si torna a pedalare lungo il fiume. Siamo in mezzo al verde, le anatre ci attraversano la strada, non si ha ancora l'impressione di essere alla periferia di una capitale: c'è odore di pesce fritto, qualche bel ristorante sul fiume, clima rilassato e vacanziero.

Al km 4,3 si lascia sulla destra un'**area giochi per bambini** e alla sinistra una grande **area per picnic**. Ora la pista costeggia decisamente la ferrovia: si susseguono sempre

È l'ora del caffè.

più frequenti le indicazioni per il centro.
Al km 5,6 la pista assume una dimensione decisamente importante.

Al km 6,5 inizia a correre sotto i piloni di un grande ponte autostradale, che si trasforma in un'immensa pensilina di cemento che offre riparo e ristoro ai ciclisti preservandoli dalla pioggia e riparandoli dal sole. Situazione un po' paradossale ma in fondo simpatica, data la presenza anche di bar e caffè in grado di garantire ai ciclisti l'adeguato ristoro. Sotto questa pensilina si trova anche un grande negozio di biciclette, con meccanico: non si sa mai, in caso di bisogno all'ultimo momento...

Al km 6,8 la pista abbandona il grande fiume, che prosegue il suo corso verso il Mar Nero, e segue invece un canale, il **Donaukanal**, che porta fino al centro storico, al famosissimo **Ring**.

Al km 7 si incontra il **Schemerlbrucke (GPS ⑩ : x 601.563; y 5.346.099)**, che ci pone di fronte a un bivio: andando dritti si segue il Donaukanal che porta in centro a Vienna, invece girando a sinistra e attraversando una zona industriale con passaggi di binari ferroviari, si ritorna sul Danubio, si passa sotto il Nordbrucke e poi si continua lungo il grande fiume in direzione Hainburg e quindi Bratislava, Slovacchia. Anche se volete proseguire il vostro viaggio verso Budapest – e magari fino alla foce, perché no? (ma ricordatevi che le piste ciclabili sono prerogativa tedesca e austriaca) – non potete esimervi dal visitare in bicicletta il centro storico di Vienna, il Ring, la **cattedrale di Santo Stefano**, e quindi proseguite dritti senza indugi lungo il Donaukanal. Ne vale veramente la pena.

La fontana di Schwarzenbergplatz.

Vienna

Giungere in bicicletta all'interno di una grande città come Vienna è un'esperienza unica, tanto più in questa capitale mitteleuropea che gronda storia e cultura a ogni incrocio, ogni via, ogni viale. La città è dotata di una rete di piste ciclabili che consente di girarla con relativa facilità in lungo e in largo e di visitare tutti i principali luoghi di interesse storico e artistico sulle due ruote. L'unico vero problema è che – dopo tanti chilometri di Danubio e di silenzioso raccoglimento – qui bisogna ricordarsi di restare costantemente concentrati perché si sta pur sempre pedalando in una grande capitale europea con conseguente traffico automobilistico. Quindi è d'obbligo rispettare le precedenze, osservare attentamente i semafori e la segnaletica stradale, sia quella riservata ai ciclisti che quella tradizionale.

C'è da dire che è consentito il trasporto della bicicletta sia nella metropolitana (accesso dalle porte con il simbolo della bicicletta e nella U-6 solo negli speciali vagoni ribassati e mai nelle ore di traffico di punta: consentito nei giorni feriali dalle 9 alle 15 e dopo le ore 18.30, il sabato dalle 9, domenica e festivi tutto il giorno) che nella ferrovia urbana e questa, per i ciclisti, è una grande opportunità, tutta da sfruttare visti i costi abbastanza contenuti.

Naturhistorisches Museum.

La città è suddivisa in 23 distretti (*Bezirke*) la cui numerazione parte dal centro, l'Innere Stadt, per estendersi a raggiera in senso orario. Per orientarvi meglio e riuscire a organizzare una visita sensata procuratevi una piantina: quella gratuita degli Uffici turistici va più che bene.

Detto questo Vienna ospita decine e decine di musei, collezioni, palazzi impe-

21
SALMANNSDORF
GRINZING
NUSSDORF
HEILIGENSTADT
Heiligenstadt
SIEVERING
Oberdöbling
Krottenbach-
strasse
PÖTZLEINSDORF
GERSTHOF
Gersthof
DORNBACH
Hernals
OTTAKRING
Ottakring
WIEN
Breitensee
West-
Bahnhof
Franz-Josefs-
Bahnhof
Votivkirche
Rathaus
Parlament
Hofburg
INNERESTADT
Stephans-
dom
Staatsoper
Karlskirche
Ring
Spittelauer Lände
Brigittenauer Lände
Obere Donau Str.
Unt. Donau Str.
Franz Josefs Kai
Nordwest-
Bahnhof
Wien Nord
Bahnhof
Wien Mitte
Schüttelstr.
Lassallestr.
Handelskai
Traisen-
gasse
Donau
Nordbrücke
Floridsdorfer
Brücke
Brigittenauer
Brücke
Reichsbrücke
Neue Donau
Alte Donau
A22
Floridsdorf
FLORIDSDORF
Neue-
Donau
Donaupark
UNO - city
Wagramer Str.
DONAUFELD
MÜHLSCHÜTTEL
Gr. Gänsehäufel
KAISERMÜHLEN
Kl. Gänsehäufel
Donau
Insel
Trabennbahn
Ernst-Happel-
Stadion
Prater
Donaustadt
Brücke
Stadlauer
Brücke
Freudenauer Hafenstr.
GÜRTELAUTOBAHN
KAGRAN
Kagran
Wiener
Nordrand
HIRSCHSTETTEN
NEUKAGRAN
Donaustadt
str.
Hirschstetten-
Aspen
Stadlau
STADLAU
A23
Erzherzog-Karl-Str.
ASPERN
Mühlwasser
Lobau
Schillerwasser
Raffineriestr.

Un noleggio bici a Vienna.

riali, chiese, castelli, parchi, giardini, teatri, residenze storiche che meritano un'attenzione adeguata. Data l'offerta variegata, in questa sede ci limiteremo a fornire solo gli indirizzi delle principali attrazioni turistiche, quelle cioè imprescindibili anche durante una visita frettolosa della città, rinviando tutte le altre informazioni più dettagliate a una guida particolareggiata della città.

Vienna [1929]

Tourist Information, Am Albertinaplatz 1, tel. 01.24555, www.wien.info; wtv@wien.info

Informazioni ciclistiche, Frankenberggasse 11, tel. 01.5050907/01.5058435, www.argus.or.at; service@argus.or.at

Informagiovani (Jugendinfo), Babenbergerstrasse 1, tel. 01.1779, jugendinfowien@wienxtra.at

È consigliabile consultare il sito www.wiencamping.at.

Camping Wien West, Hüttelbergstrasse 80, Wien 14, tel. 01.9142314, camping.west@verkehrsbuero.at

Aktiv Camping Neue Donau, Am Kleehäufel, Wien 22, tel. 01.2024010, camping.neuedonau@verkehrsbuero.at

Camping Rodaun, An der Au 2, Wien 23, tel. 01.8884154

Turmherberge Don Bosco, Lechnerstrasse 12, Wien 3, tel. 01.7131494

Hostel Ruthensteiner, Robert Hamerlinggasse 24, Wien 15, tel. 01.8934202, info@hostelruthensteiner.com

Believe It or Not, Myrtengasse 10, Wien 7, tel. 01.5264658

Panda Hostel, Kaiserstrasse 77, Wien 7, tel. 01.5225353, panda_vienna@hotmail.com

Jugendherberge Myrtengasse, Myrtengasse 7, Wien 7, tel. 01.5236316, hostel@chello.at

Wombat's, Grangasse 6, Wien 15, tel. 01.8972336, www.wombats.at, wombats@chello.at

Di tutte le località lungo il Danubio, in cui non ci sono problemi di disponibilità ricettiva, paradossalmente Vienna costituisce un problema sotto questo punto di vista. Se potete, prenotate in anticipo! E aspettatevi dei prezzi sicuramente più elevati rispetto alla media austriaca.

Da vedere nella capitale

Il **Kunsthistorisches Museum** [Museo delle Belle Arti], Maria Theresien Platz (tel. 01.525240, www.khm.at, adulti/ridotti euro 8,70/6,50, mar-dom 10-18), è senza dubbio uno dei più interessanti musei d'Europa, con una pinacoteca che ospita alcune delle opere più note di Bruegel il Vecchio, Rubens, Tiziano, Klimt, Rembrandt, Dürer, Vermeer, Giorgione, Bellotto e Canaletto. Interessantissime anche la collezione egizia, quella orientale, quella di arte antica e la collezione numismatica.

Il **Naturhistorisches Museum** [Museo di Storia naturale], Maria Theresien Platz (tel. 01.521770, adulti/ridotti euro 3,65/1,85, mer-lun 9-18,30), si può considerare l'alter ego scientifico del Museo delle Belle Arti, anche perché vi è contrapposto nella vasta Maria Theresien Platz. Da ammirare la collezione di minerali, quella di fossili (anche notevoli scheletri di dinosauri) e la celeberrima **Venere di Willendorf**, di cui ormai sapete tutto e che avrete la possibilità di ammirare dal vero.

L'enorme **Hofburg** (Palazzo imperiale) rappresenta l'incarnazione dell'anima asburgica della città e ospita diversi edifici degni di nota e di visita, collegati tra loro da una serie di spettacolari cortili. C'è lo **Schweizerhof** [Corte degli Svizzeri] dove albergava il corpo di guardia svizzero, la barocca **Burgkappelle** [Cappella di corte] in cui la domenica si celebra la messa cantata dalle voci bianche dei Piccoli cantori, i sontuosi **Kaiserappartements** (tel. 01.5337570, adulti/studenti euro 6,95/5,45, tutti i giorni 9-16.30), il **Prunksaal** [la Sala fastosa], la **Schatzkammer** [Museo del Tesoro imperiale] (tel. 01.5337931, adulti/ridotti euro 7,20/5), che merita una visita per i pezzi di valore inestimabile che custodisce: corone imperiali, cimeli, coppe, reliquie religiose che ostentano ricchezze e splendori. Insomma, il vero *sancta santorum* dell'impero.

Stephansdom [Cattedrale di S. Stefano], Stephansplatz (tel. 01.515523526), è il simbolo della città, soprattutto le guglie della sua altissima e aguzza torre (**Südturm**) che, dall'alto dei suoi 136 metri, costituisce il faro per ogni turista, ma anche il suo tetto di tegole smaltate è notevole. Capolavoro dell'arte gotica, l'attuale edificio è del XIV secolo, costruito su una preesistente chiesa in stile romanico. L'imponente interno custodisce alcuni capolavori come il **Pulpito** in pietra opera di Anton Pilgram, l'**Altare maggiore** in stile barocco, la **tomba** in marmo rosso di Federico III. Nel sottosuolo della cattedrale ci sono le interessanti **Catacombe** con reperti storici, ossari e le urne degli Aburgo.

Secession [Palazzo della Secessione] (tel. 01.5875307, Friedrichstrasse 12, interi/ridotti euro 4,40/2,95, tutti i giorni 10-18), palazzina del 1897-98 nata per ospitare le opere del movimento di artisti contemporanei Secessione. È caratterizzato da un'enorme cupola dorata; notevole il **Beethoven Frieze** [fregio di Beethoven] opera di Gustav Klimt, uno dei fondatori del movimento.

Glossario

Buongiorno = Grüss Gott/ Guten Tag
Arrivederci = Auf Wiedersehen
Sì = Ja
No = Nein
Per favore = Bitte
Grazie = Danke
Mi scusi = Entschuldigung
Destra = Rechts
Sinistra = Links
Dritto = Geradeaus

Stazione ferroviaria = Bahnhof
Partenza (treni) = Abfahrt
Arrivo (treni) = Ankunft
Orario = Fahrplan
Entrata = Eingang
Uscita = Ausgang

Bicicletta = Fahrrad
Pista ciclabile = Radweg
Noleggio bici = Fahrradverleih
Riparazioni = Fahrrad Service
Catena = Fahrradkette
Raggi = Radspeichen
Freno = Bremse
Copertone = Reifendecke
Camera d'aria = Reifenschlauch
Sellino = Sessel
Fanale = Lampe
Pompa = Fahrradpumpe
Mastice = Kleber

Attrezzi = Wekzeug
Campanello = Klingel
Catarinfrangente = Rückstrahler
Casco = Helm
Guanti = Handschuhe
Forcella = Fahrradgabel

Albergo = Hotel
Pensione = Pension/Gästehaus
Locanda = Gasthof
Ostello = Jugendherberge
Campeggio = Campingplatz
Camera = Zimmer
Camera singola = Einzelzimmer
Camera doppia = Doppelzimmer
Letto = Bett
Bagno = Bad
Doccia = Dusche
Libero = Frei
Occupato = Besetzt

Snack Bar = Imbiss
Pasticceria = Konditorei
Giorno di chiusura = Ruhetag
Ristorante = Restaurant/Gaststätte
Colazione = Frühstück
Pranzo = Mittagessen
Cena = Abendessen
Latte = Milch
Acqua = Wasser
Bicchiere = Glas
Pane = Brot
Vino = Wein
Menu del giorno = Tagesmenu
Conto = Rechnung
Negozio alimentari = Lebensmittelladen

Abbazia = Stift
Castello/Fortezza = Schloss/Burg
Villaggio = Dorf
Punto panoramico = Aussichtpunkt

Collina/montagna = Hügel/Berg
Salita = Steigung
Discesa = Abhang
Senso unico = Einbahnstrasse
Valle = Tal
Porta cittadina = Stadttor

Lunedì = Montag
Martedì = Dienstag
Mercoledì = Mittwoch
Giovedì = Donnerstag
Venerdì = Freitag
Sabato = Samstag/Sonnabend
Domenica = Sonntag
Oggi = Heute
Domani = Morgen
Ieri = Gestern
Mese = Monat
Anno = Jahr

Indice dei luoghi

Ciclodiario

..... / ..... / .....

Ciclodiario

..... / ..... / .....

Ciclodiario

..... / ..... / .....

Ciclodiario ..... / ..... / .....

Ciclodiario ..... / ..... / .....

Ciclodiario ..... / ..... / .....

Ciclodiario

..... / ..... / .....

Ciclodiario

..... / ..... / .....

Ciclodiario

..... / ..... / .....

titolo: **Il mio Danubio.**
In bicicletta lungo il fiume d'Europa
autore: Guillaume Prébois
collana: Altre terre 3
isbn: 88-88829-05-9
pagine: 176
prezzo: 13.00 euro

Per chi sceglie di fare una vacanza sulle sponde del Danubio Ediciclo Editore consiglia anche **"Il mio Danubio"** di Guillaume Prébois.

Un libro che fa respirare al lettore la fisicità dei luoghi, il loro progressivo e incessante mutare, lo stupore continuo che la terra e il cielo sanno suscitare nello sguardo e nei pensieri del viaggiatore.

Michele Serra, Repubblica

Tremila chilometri dalla sorgente al Mar Nero attraverso Germania, Austria, Slovacchia, Ungheria, Romania, Croazia, Serbia e Bulgaria.

Un invito a seguire il corso del grande fiume blu. Una lettura per sentire profumi e rumori. Per conoscere la vita dei popoli che abitano lungo le sue sponde.

Il Danubio, fiume dolce e maestoso, che sgorga nella Foresta Nera in Germania e attraversa il mondo suggestivo della Mitteleuropa accompagnando e definendo culture, popoli, musiche, lingue diverse. Guillaume Prébois ne ha seguito il corso, in bicicletta. Tremila chilometri dalla Germania alla Romania: otto paesi, caldo torrido, albe fresche, cieli stellati, malinconie, le facce antiche di chi lavora i campi e i millenari cliché culturali che si sgretolano sotto il peso della peregrinazione sincera.

Desidero ricevere, gratuitamente e senza impegno, il vostro catalogo e gli aggiornamenti sulle nuove pubblicazioni.

Ho trovato questa cartolina nel volume (titolo, autore): ______________________

Acquistato: ◯ libreria ◯ corrispondenza ◯ presentazione ◯ fiera ◯ __________

Sono particolarmente interessato a:

1 ◯ Percorsi su strade montane per bici da corsa	6 ◯ Manuali tecnici sulla bicicletta
2 ◯ Itinerari cicloturistici	7 ◯ Manuali per la preparazione fisica e l'alimentazione
3 ◯ Percorsi per mountain bike	8 ◯ Itinerari "Natura e Arte" in bicicletta
4 ◯ Guide "Grandi Viaggi"	9 ◯ Piste ciclabili
5 ◯ Letteratura di viaggi in bicicletta	1 ◯ Altro __________

L'area geografica di maggior interesse per me è (regione/i, provincia/e, ecc.) __________

Cognome __________ Nome __________ Professione __________ Età ______

Via __________ N. ____ CAP ______ Località __________ Prov. ____

Tel. __________ E-mail __________

I Suoi dati personali riportati sulla presente scheda saranno inseriti in un archivio informatico per l'invio di nostre comunicazioni. In qualunque momento potrà richiedere, tramite comunicazione scritta, la modifica o la cancellazione di tali dati (dl. 196/03).

Da fotocopiare, compilare e spedire a:

EDICICLO EDITORE s.r.l.
Via Cesare Beccaria, 13/15 - 30026 Portogruaro (Ve) - Italy

Stampato da Papergraf s.p.a. - Piazzola sul Brenta (Pd)
per conto di Ediciclo Editore - Portogruaro (Ve)
www.ediciclo.it

Edizione							Anno			
1	2	3	4	5	6		2005	2005	2006	2007